Villa I Tatti Series; 36

I Tatti – The Harvard University Center
for Italian Renaissance Studies
Via di Vincigliata, 26
50135 Florence – Italy
itatti.harvard.edu

Project coordinator: Thomas Gruber
Cover image: Juliet Strachan
Published and distributed in Italy by

Officina Libraria
Via dei Villini, 10
00161 Rome – Italy
officinalibraria.net

Publisher and project coordinator: Marco Jellinek
Art director and layout: Paola Gallerani
Editorial assistant: Matilde Fracchiolla
Copyediting: Wendy Keebler
Color separation: Giorgio Canesin
Printed and bound by Tipolitografia Pagani, Passirano (Brescia)

Publication of this volume has been made possible by

The Myron and Sheila Gilmore Publication Fund at I Tatti
The Robert Lehman Endowment Fund
The Jean-François Malle Scholarly Programs and Publications Fund
The Andrew W. Mellon Foundation Fund for Scholarly Programs and Publications
The Barbara and Craig Smyth Fund for Scholarly Programs and Publications
The Lila Wallace-Reader's Digest Endowment Fund
The Malcolm Wiener Fund for Scholarly Programs and Publications

Worldwide distribution by Harvard University Press

Italian distribution by Officina Libraria

ISBN 978-06-7429-619-0 (Harvard University Press)
ISBN 978-88-3367-253-3 (Officina Libraria)

Lino Pertile

Ulysses and the Limits of Dante's Humanism

Ulisse o dei limiti dell'umanesimo dantesco

I TATTI

Acknowledgements

It is with pleasure that I thank first and foremost Alina A. Payne, Director of Villa I Tatti, the Harvard University Center for Italian Renaissance Studies in Florence. It was Professor Payne who invited me to honor the life and works of Dante Alighieri with a public lecture at Villa I Tatti during the seven hundredth anniversary of the poet's death, and it was she who, immediately after my lecture in November 2021, suggested I turn it into a bilingual paper, English and Italian, with a view to publishing it, with appropriate illustrations, in a specially designed booklet produced by Villa I Tatti. Without Professor Payne's initiative and support, this publication would not have come about.

My dialogue with Dante's Ulysses has now been going on for almost fifty years, and many are the students, friends and colleagues who, in this long period, in England, Scotland, the United States and Italy, with their observations, queries, suggestions and objections, have helped bring into focus my views on the great Homeric and Dantean character and his past and present significance in western culture. My students, year after year, had a fundamental role in the renewal of my intellectual energies. Among the generous colleagues and friends whose names I would like to mention I will single out with warmth and gratitude John A. Scott and the late Robert Hollander. Our strong, though always cordial, disagreement over some critical aspects of Dante's Ulysses helped me define, more than I can say, my position on the tragic character. My son Giulio J. Pertile and my friend and former student Angus Clarke, with their linguistic queries and advice, made my English more readable and my arguments clearer. Needless to say, all remaining obscurities and incongruities are mine. Finally, I wish to thank Thomas Gruber of Villa I Tatti who played an integral part in this project, and the publisher of Officina Libraria, Marco Jellinek: to his passion, patience and technical skill I owe all that is agreeable to the eye in this little volume.

Ringraziamenti

Rendo con piacere il mio primo e maggior grazie ad Alina A. Payne, direttore di Villa I Tatti, il Centro di Studi sul Rinascimento Italiano della Harvard University di Firenze. Fu lei a invitarmi a onorare con una pubblica conferenza a Villa I Tatti la vita e l'opera di Dante Alighieri nel settecentesimo anniversario della sua morte, e fu lei che, subito dopo tale conferenza nel novembre 2021, mi propose di farne una versione scritta, in italiano e inglese, da pubblicarsi in un volumetto, corredato di preziose illustrazioni, appositamente disegnato e prodotto da Villa I Tatti. Senza la sua iniziativa questa pubblicazione non sarebbe mai nata.

Il mio dialogo con l'Ulisse dantesco dura ormai da quasi cinquant'anni e molti sono gli studenti, amici e colleghi che in questo lungo periodo, tra Inghilterra, Scozia, Stati Uniti e Italia, mi hanno aiutato con osservazioni, domande, suggerimenti e obiezioni a mettere a fuoco le mie idee sul grande personaggio omerico e dantesco e ciò che esso ha significato in passato e significa oggi nella nostra cultura. I miei studenti hanno avuto, di anno in anno, un ruolo fondamentale nel ricaricarmi di nuove energie intellettuali. Tra i tanti colleghi e amici di cui dovrei far qui i nomi ricordo con particolare calore e gratitudine John A. Scott e il compianto Robert Hollander: il nostro forte ma sempre cordiale dissenso su alcuni aspetti critici dell'Ulisse dantesco ha contribuito più di quanto non possa dire a definire le mie posizioni sul tragico personaggio. Mio figlio Giulio J. Pertile e il mio amico ed ex-studente Angus Clarke con i loro quesiti e consigli linguistici hanno reso il mio inglese più leggibile e più chiari i miei argomenti. Le oscurità e incongruenze rimanenti sono tutte mie. Ringrazio infine Thomas Gruber di Villa I Tatti che in questa impresa ha avuto un ruolo importante e Marco Jellinek, editore di Officina Libraria: alla sua straordinaria passione, pazienza e competenza tecnica devo quanto di gradevole all'occhio si trova in questo volumetto.

Preface

Reading Lino Pertile's essay given as *The Dante Lecture* at I Tatti in 2021 on occasion of the 700th anniversary of Dante's death (September 1321), I felt an unexpected moment of *déjà-vu*, or perhaps a whiff of Proust's *madeleine*. Most of my generation has been raised on a nodding acquaintance with the "modern" classics—if not beloved, at least acknowledged as reference points for Western culture. Dante, Shakespeare, Cervantes, Goethe, to only name a few. And many of us toiled with them in high school, writing endless analyses and essays on Macbeth or Hamlet, Don Quixote or Wilhelm Meister—whichever was deemed to be more relevant for the respective curriculum—and read them over summer break when the sunshine was calling and the desire for anything else, except school, was almost too hard to bear. Perhaps not surprisingly then, for many of us Dante and Shakespeare, Cervantes and Goethe have been left behind in a dusty corner of our memories, in the back of our brains, like Sleeping Beauty in a state of suspended animation. Ready to attend a new staging of *As You Like It* at the New Globe Theatre, or a reading of the *Inferno* in Piazza Santa Croce in Florence by Roberto Benigni, we soon return them to their remote corners in between such rare, albeit special, occasions. In short, we have been taught to take them for granted, caught in a bubble of compulsory education, part rite of passage, but essentially seen as disconnected from what followed: our real lives, the real world. For indeed, the worlds of Dante and Shakespeare are becoming ever more alien from our own and, as time goes on, points of contact seem fewer and fewer.

Prefazione

La lettura del saggio di Lino Pertile, scritto per il settimo centenario della morte di Dante (settembre 1321), celebrato ai Tatti nel 2021, ha risvegliato in me un inaspettato *déjà-vu*, come il soffio profumato della *madeleine* proustiana. Penso che questa sensazione derivi dal fatto che appartengo a una generazione educata dalla conoscenza scolastica al valore consolidato dei classici «moderni». Anche se forse non sempre li abbiamo amati, li abbiamo assunti come riferimenti fondativi della cultura occidentale. Dante, Shakespeare, Cervantes, Goethe, per citarne solo alcuni. Li abbiamo studiati al liceo, scrivendo lunghe analisi e temi su Macbeth o Amleto, su Don Chisciotte o Wilhelm Meister, in relazione a quello che era ritenuto più rilevante nei rispettivi programmi di studio. Li abbiamo letti durante le vacanze estive, quando il sole ci chiamava e il desiderio di qualcosa che non fosse la scuola, era quasi intollerabile. Non sorprende quindi che per molti di noi Dante e Shakespeare, Cervantes e Goethe siano finiti in un angolo polveroso della mente, in fondo al cervello, in uno stato sospeso, come la Bella Addormentata. Pur essendo pronti ad assistere a una nuova messa in scena di *As You Like It* al New Globe Theatre, come a una lettura dell'Inferno dantesco di Roberto Benigni in piazza Santa Croce a Firenze, dopo queste rare e speciali occasioni, li ricacciamo nei loro cantucci remoti. In definitiva, ci è stato insegnato a darli per scontati, in quanto cardini di un'istruzione obbligatoria; essi partecipano di un rito di passaggio, ma restano separati da ciò che ci tocca veramente: dalle nostre vite quotidiane, dal mondo reale che ci circonda. In effetti il mondo di Dante o

Yet, are they though? Reading Lino Pertile's essay suddenly lifts a veil: not only love and compassion, greed and jealousy, loyalty and frailty are basic human emotions that cut across time and civilizations, but also the desire to know—more, ever more, at one's peril, for indeed, both good and evil might ensue. It is a risky business pushing the boundaries of the known, that takes us all—then and now—into the troubled waters of what lies beyond, just like Dante's Ulysses sailing into the Atlantic, past the Pillars of Hercules (Gibraltar), where he is impelled to go but where he will certainly perish. Suddenly we feel we know him; we are inexplicably close to him. The insatiable urge to know and discover and the possibility of failure as its consequence if unwisely followed are ever more acutely relevant today, when so many conquests and steps in the triumphal course of progress have been found to have led to ruin—of a planet, of our future, of our present.

But does Dante have an answer for our predicament today? Read anew, from our now less triumphalist and more sober realization of an imperiled present and a troubled past, does Dante—and Shakespeare and Cervantes and all those now forgotten books we read reluctantly in our high school years—have anything to offer? Are these icebergs piercing through the sea of the Humanities still worthy of our time in these days when Facebook, Instagram, Twitter and the whole Internet literally commandeer our attention? Is there value in reading them anew in their difficult archaic languages?

Lino Pertile's answer is an emphatic YES. Human emotions are beyond time; and so are human perplexities. And thinking about them one by one—literally lifting them out of the

quello di Shakespeare diventano ogni giorno più estranei al nostro e il passare del tempo sembra cancellare inesorabilmente ogni residuo punto di contatto.

Ma è davvero così? La lettura del saggio di Lino Pertile strappa improvvisamente questo velo: amore e compassione, avidità e gelosia, lealtà e fragilità sono emozioni umane fondamentali, che attraversano il tempo e le civiltà. Non solo esse, anche il desiderio di conoscere di più, sempre di più, a proprio rischio e pericolo, sfidando il bene e il male che ne possono derivare, è parte della natura umana. La brama di conoscenza è rischiosa, ci spinge oltre i confini del conosciuto, trascinandoci – allora come oggi – nei gorghi di un mare ignoto, che sta oltre i confini, proprio come l'Ulisse dantesco che è spinto inesorabilmente a raggiungere l'Atlantico, oltre le colonne d'Ercole (Gibilterra), dove fatalmente troverà la morte. Ecco, improvvisamente ci sembra di conoscerlo questo Ulisse, gli siamo inspiegabilmente vicini. L'inarrestabile impulso a scoprire e a conoscere e il rischio di fallimento che lo accompagna, se incautamente seguito, sono sempre più presenti nel mondo di oggi, da quando abbiamo maturato la consapevolezza che tante conquiste raggiunte nel corso trionfale del progresso stanno provocando la rovina del pianeta, del nostro futuro, del nostro presente.

Può forse Dante fornire una risposta alla nostra situazione odierna? Riletti nuovamente, da una prospettiva meno celebrativa e più sobria, con la consapevolezza del nostro presente in pericolo e di un passato tormentato, Dante – e Shakespeare e Cervantes e tutte quelle opere ormai dimenticate che abbiamo letto con riluttanza da liceali – hanno ancora qualcosa da offrirci? Questi iceberg che solcano il

mass of information that challenges us every day and giving them the space of our attention—is ever more urgent. Like attending to the Humanities more generally, that, like our planet, and perhaps not coincidentally, have fallen upon hard times.

Alina Payne
Paul E. Geier Director,
I Tatti, Harvard University

Florence, June 2023

mare delle scienze umane sono ancora meritevoli del nostro tempo, nel quale Facebook, Instagram, Twitter e l'intero Internet requisiscono letteralmente la nostra attenzione? È utile rileggerli nei loro difficili idiomi antichi? La risposta di Lino Pertile è un SÌ senza riserve. Le emozioni umane, come le umane perplessità, travalicano il tempo. Pensare ad esse, una per una – estrarle alla massa di informazioni che ci circonda e dandoli lo spazio che meritano–oggi diviene sempre più urgente. Così come è urgente rivolgere la nostra attenzione alle scienze umane in generale che, forse non casualmente, attraversano tempi bui proprio come il nostro pianeta.

Alina Payne
Paul E. Geier Director,
I Tatti, Harvard University

Firenze, giugno 2023

Ulysses
and the Limits
of Dante's Humanism

Ulisse
o dei limiti
dell'umanesimo dantesco

On October 18, 2016, then Prime Minister of Italy Matteo Renzi, meeting President Barack Obama on the South Lawn of the White House in the course of an official visit to the US, cited two among the most famous lines of the Divine Comedy and of Italian poetry: "Fatti non foste a viver come bruti, ma per seguir virtute e canoscenza" (You were not made to live like beasts, but to pursue virtue and knowledge). The Italian PM hoped in this way to put the seal of Dante's authority upon his vision of "a great season of new opportunities shared by the US and Italy, a future based on strengths, civil rights, education, culture and 'soft' power". The words he quoted come from a passage in canto XXVI of Dante's *Inferno* in which Ulysses, the Homeric hero, upon reaching the Pillars of Hercules––natural and divine gateway between the familiar Mediterranean and the unknown Ocean––addresses his mariners urging them not to stop there, but to dare sail on and explore with him the water hemisphere of the earth, the unknown, unpeopled world "beyond the sunset". Mr. Renzi did not know, perhaps, that the voice of Ulysses had not gone unheard in the home of the American Presidents—if not in Dante's version, then certainly in that of Alfred Tennyson's (1809–92) impassioned, dramatic rewrite. According to reliable reports, Tennyson's *Ulysses* was John F. Kennedy's favorite poem, and one can still find online a video in which both Robert and Ted Kennedy, visibly moved, introduce in their political speeches some of the English poem's most stirring and memorable lines:

Come, my friends,
'T is not too late to seek a newer world.
Push off, and sitting well in order smite

Il 18 ottobre 2016, Matteo Renzi, allora presidente del consiglio della Repubblica Italiana in visita ufficiale negli Stati Uniti, sul South Lawn della Casa Bianca, citava al presidente Barack Obama due tra i versi più famosi della *Divina Commedia* e della poesia italiana: «Fatti non foste a viver come bruti, ma per seguir virtute e canoscenza». Il primo ministro italiano intendeva così sigillare con l'autorità di Dante la sua visione di una nuova stagione di opportunità, un futuro, comune all'Italia e agli Stati Uniti, fondato sui valori, condivisi dai due paesi, dei diritti civili, dell'istruzione pubblica, della cultura, del soft power. Le parole a questo scopo citate sono tra quelle con cui l'eroe omerico Ulisse racconta a Dante di aver esortato i suoi marinai, giunti alle colonne d'Ercole – cancello naturale e divino che separava allora il noto Mediterraneo dall'ignoto Oceano – a non fermarsi ma avere il coraggio di andar oltre ed esplorare con lui, «di retro al sol», lo sconosciuto emisfero acqueo, l'emisfero della terra «sanza gente». Forse il primo ministro italiano non sapeva allora che nella casa dei presidenti americani, quella di Ulisse non era una voce sconosciuta, se non nella versione di Dante, almeno in quella dell'appassionato, drammatico rifacimento di Alfred Tennyson (1809-1892). I documenti attestano infatti che l'*Ulisse* di Tennyson era la poesia preferita di John F. Kennedy, e in rete si trovano tuttora dei video in cui Robert e Ted Kennedy, visibilmente commossi, introducono nei loro discorsi politici alcuni dei versi più memorabili del poema inglese:

... Venite:
tardi non è per coloro che cercano un mondo novello.
Uomini, al largo, e sedendovi in ordine, i solchi sonori

The sounding furrows; for my purpose holds
To sail beyond the sunset, and the baths
Of all the western stars, until I die.
It may be that the gulfs will wash us down:
It may be we shall touch the Happy Isles,
And see the great Achilles, whom we knew.
Tho' much is taken, much abides; and tho'
We are not now that strength which in old days
Moved earth and heaven, that which we are, we are;
One equal temper of heroic hearts,
Made weak by time and fate, but strong in will
To strive, to seek, to find, and not to yield.

Indeed, Ulysses is, or was, a pillar of the culture of the American élite, a fully positive emblem of the human desire to extend and deepen our knowledge by pushing ever forward in all fields the boundaries of science, exploring the most remote corners of the universe, and improving the conditions of life on earth to reach as close as possible the happiness that is enshrined in the Declaration of Independence as an inalienable right of every human being. Thus, the figure of Ulysses is, or was, at the heart of the 'American dream'. But wait a minute: doesn't Dante find him in Hell, in fact deep down in the eighth ditch of the eighth circle? How is such a paradox possible?

It is possible because, contrary to Homer's hero who, after twenty years of battles and adventures, returns home to resume his multiple roles as king of Ithaca, son, father and husband, Dante's Ulysses—and, inspired by him, Lord Tennyson's—is a supremely restless hero who, in his determined quest for knowledge, goodness and self-fulfillment, finds not a new life but death. A tragic hero, whose experience

via percotete: ho fermo nel cuore passare il tramonto
ed il lavacro degli astri di là: fin ch'abbia la morte.
Forse è destino che i gorghi del mare ci affondino; forse,
nostro destino è toccar quelle isole della Fortuna,
dove vedremo l'a noi già noto, magnanimo Achille.
Molto perdemmo, ma molto ci resta: non siamo la forza
più che nei giorni lontani moveva la terra ed il cielo:
noi, s'è quello che s'è: una tempera d'eroici cuori,
sempre la stessa: affraliti dal tempo e dal fato, ma duri
sempre in lottare e cercare e trovare né cedere mai.
(Trad. Giovanni Pascoli)

Ulisse è, o era, in effetti un pilastro della cultura dell'élite
americana, emblema del tutto positivo del desiderio umano
di estendere e approfondire in tutti i campi il nostro sapere,
di esplorare anche gli angoli più remoti dell'universo, di
migliorare le condizioni della vita sulla terra per giungere
il più possibile vicini alla felicità consacrata nella Dichiara-
zione di Indipendenza degli Stati Uniti come uno dei diritti
inalienabili di ogni essere umano. Ulisse dunque è, o era, nel
cuore del sogno americano. Ma un momento: dove lo trova
Dante? Lo trova in Inferno, dannato per sempre nell'ottava bolgia dell'ottavo cerchio. Com'è possibile un simile
paradosso?
   Lo è perché, a differenza dell'eroe omerico che dopo tante
battaglie e avventure ritorna a casa e riprende il suo ruolo
di figlio, padre, marito e re di Itaca, l'Ulisse dantesco – e, sul
suo esempio, quello di Lord Tennyson – è un eroe supre-
mamente irrequieto che, sfruttando il suo ingegno nella sua
risoluta ricerca della conoscenza, del sommo bene e della
felicità, trova non la vita ma la morte. Un eroe tragico dunque, la cui esperienza incarna il dilemma di fronte al quale

epitomizes the dramatic dilemma in front of which human intelligence places our civilization today, after giving us the heady progress in science and technology of the last hundred years. This is why, to commemorate and honor Dante, I have chosen to speak about Ulysses, for he, perhaps the most fascinating of Dante's damned, has something very important and relevant to tell us today.

There is a passage in canto XXVI of Dante's *Inferno* which generally does not attract the attention it deserves. It is made up of two tercets which, after his fierce anti-Florentine apostrophe, Dante introduces almost as a buffer between the seventh *bolgia*—the turbulent, metamorphic, horrifying 'pouch' or ditch of the thieves—and the eighth, the crepuscular, meditative, perplexed and perplexing *bolgia* of the fraudulent counsellors. Any attempt to understand Dante's Ulysses must start from here:

> I grieved then and now I grieve again
> as I turn my mind to what I saw,
> and more than is my custom, I curb my intelligence
> lest it run where virtue does not guide it,
> so that, if friendly star or something better still
> has granted me its gift, I may not deprive myself of it.
>> (vv. 19–24, my transl.)

Here Dante the narrator does something that is not unusual in the *Divine Comedy*. He interrupts his story-telling to convey to his reader how something that he witnessed during his journey through the world of the dead affected him then, and still affects him now. In this case he declares that he grieved *then*, when he saw with his own eyes the eighth ditch of the eighth circle of Hell—the biggest of all, called

l'ingegno umano, responsabile del vertiginoso progresso scientifico e tecnologico degli ultimi cent'anni, pone la nostra civiltà in particolare oggi. È appunto per questo che, per commemorare Dante, ho scelto di parlare di Ulisse: perché l'antico eroe greco, forse il più affascinante dei dannati di Dante, ha ancora qualcosa di estremamente importante e attuale da dirci.

C'è un passo nel canto XXVI dell'*Inferno* sul quale forse non si riflette abbastanza. Sono i versi 19-24 che, conclusa la feroce apostrofe anti-fiorentina dell'incipit e avviato il resoconto della materia del nuovo canto, Dante inserisce come un cuscinetto tra la settima bolgia – la bolgia turbolenta, metamorfica, orripilante dei ladri – e l'ottava, la bolgia crepuscolare, meditabonda, perplessa dei consiglieri fraudolenti. Ecco le due terzine:

> Allor mi dolsi, e ora mi ridoglio
> quando drizzo la mente a ciò ch'io vidi,
> e piú lo 'ngegno affreno ch'i' non soglio,
>
> perché non corra che virtú nol guidi;
> sí che, se stella bona o miglior cosa
> m'ha dato 'l ben, ch'io stessi nol m'invidi.
>
> (vv. 19-24)

Dante compie qui un gesto non inconsueto nella *Commedia*. Interrompe la narrazione per registrare e comunicare direttamente al lettore l'effetto che ebbe e continua ad avere su di lui una specifica esperienza fatta durante il suo viaggio nel mondo dei morti. In questo caso dichiara che si dolse *allora*, quando vide con i suoi occhi l'ottava bolgia, e torna a dolersi *ora*, nel momento in cui deve rievocare quella visione per raccontarla ai vivi. 'In quella bolgia – spiega il poeta – vidi

Malebolge (Evil Pouches)—, and he grieves again *now* as he remembers that sight and shares his memory of it with the living. In that ditch, he writes, I saw people enveloped in fire for failing, when they were alive, to keep their intelligence checked by virtue. As a result of this experience, he continues, now more than ever, I am careful how I use my intelligence knowing that, without the constant guidance of moral values, I too could end up burning forever in the eighth *bolgia*. With its emphasis on the author's past and present grieving, this warning not only encapsulates and anticipates the overall thrust of the two episodes that will be staged in this canto and the next, but it also addresses the use that the poet makes of his intelligence in staging them. Dante is exceptionally aware of the risk that he runs, by traversing the Otherworld alive—seemingly condemning and rewarding as he pleases—of falling into the sin of *hubris*, of pride, overweening self-confidence. The canto could be read and expounded upon by focusing on such autobiographical and metanarrative awareness, but this will not be our approach.

Dante meets two sinners in this bolgia: the legendary Greek hero Ulysses in canto XXVI, and, in the next, a contemporary and famous *condottiere*, Guido da Montefeltro, who died peacefully in his seventies, in 1298, two years after entering the Franciscan order. In the story that he is about to tell, Ulysses, already guilty of some notorious deceptions during the Trojan war, employs his intelligence in an attempt to gain knowledge of the uninhabited hemisphere of the world. After five months on the open sea, he comes in sight of an unknown (and forbidden) island that for him and his sailors is, objectively speaking, their only hope of survival. However, he does not reach it, for a sudden storm engulfs his ship and delivers him and his crew to their death. Thus intelligence

anime dannate per non aver voluto o saputo tenere l'ingegno sotto il freno della virtù. Forte di questa esperienza, ora più che mai faccio attenzione a come impiego il mio ingegno nella consapevolezza che, lasciato a se stesso, senza la guida costante di valori morali, esso potrebbe condurmi all'eterna rovina, potrebbe cioè far fare anche a me la fine dei dannati dell'ottava bolgia'. Il monito, con quella sua insistenza autobiografica sul dolersi e il ridolersi dell'autore, non solo condensa e anticipa il senso dei due grandi esempi che saranno materia di questo canto e del successivo, ma è rivolto al poeta stesso, e questo è un fatto abbastanza singolare nel grande poema. Dante è consapevole del rischio che corre, traversando l'aldilà da vivo e condannando e premiando apparentemente a suo piacimento, di cadere nel peccato di *hybris*, superbia, eccessiva fiducia in se stesso. Si identifica così in maniera del tutto eccezionale con i peccatori di questa bolgia, riconosce di avere potenzialmente una certa affinità con chi usa le proprie doti intellettuali per fini moralmente problematici. Il canto si può interpretare più che degnamente focalizzandosi proprio su questo aspetto autobiografico e metanarrativo, ma non sarà questa la chiave che useremo nella nostra lettura.

I peccatori che Dante incontra in questa bolgia sono due, uno antico e leggendario, l'Ulisse omerico, e l'altro contemporaneo e ben noto a Dante e ai suoi lettori, il famoso condottiero Guido da Montefeltro, morto settantacinquenne nel 1298 dopo essersi fatto frate francescano due anni prima. Nella storia che sta per raccontare, Ulisse, già colpevole di ben note frodi alla guerra di Troia, usa il suo ingegno nel tentativo di giungere a conoscere un'isola a lui e al suo tempo ignota e vietata. Il risultato è il drammatico naufragio che ne chiude tragicamente questa vita e lo consegna

drives a great hero to his own and his companions' destruction. The fundamental and still relevant question which Dante sets out here is how to control the intelligence that God, or Mother Nature, has given us, how to resist the temptation to let it run its course freely, without any restraint. It is a moral issue which was becoming dramatically relevant in the most advanced Italian cities, particularly in Florence in the decades between the thirteenth and fourteenth centuries, the golden age of Florentine social and economic development, when the city was growing in size and power, and the ingenuity of its merchants, builders, and artists was changing its physical appearance, customs and culture. It is enough to think, on the one hand, of the construction and the artistic fervor that transformed the look of the city in the years that Dante inhabited it from 1265 to 1301; or, on the other hand, of the many short-stories from the anonymous *Novellino* (circa 1280) or Boccaccio's *Decameron* (circa 1350) revolving around characters, lay or religious, of either sex and any social background, who by making uninhibited use of their intelligence, overcome all challenges, and succeed in satisfying their desires, regardless of moral considerations. The case of Ser Ciappelletto comes readily to mind, the 'hero' of the *Decameron*'s first story, an unrivalled scoundrel and sinner who, by blatantly lying to his confessor on his death bed, gains the reputation of a saint.

It is on such use of human intelligence that I intend to focus our attention in this talk. In the last analysis, Ulysses' sin does not consist in his desertion of family and country duties, nor in the alleged deception of his companions, nor even in his search for knowledge, but in the unrestrained use of intelligence, which he displays in all his deeds, both the deceptions mentioned on vv. 55–63 and the final exploit,

all'Inferno nell'altra. L'intelligenza ha spinto un grande eroe a fare quel che non doveva, procurandone la rovina. La questione fondamentale, e tuttora viva, che Dante articola qui in forma esemplare, è se e come controllare l'intelligenza che Dio o madre natura ci ha dato, come vincere la tentazione di lasciarla correre e operare senza alcun freno morale. Si tratta di una questione che evidentemente stava divenendo sempre più attuale nelle città italiane più progredite, specialmente a Firenze, nei decenni tra la fine del Duecento e gli inizi del Trecento, gli anni d'oro del suo sviluppo socio-economico, quando la città andava espandendosi a vista d'occhio e l'ingegno dei suoi mercanti, architetti e artisti ne stava trasformando profondamente l'aspetto fisico, i costumi e la cultura: basti pensare da una parte alla febbrile attività edile e artistica che caratterizzò Firenze per tutti gli anni che Dante Alighieri visse in essa (1265-1301); dall'altra, a molte novelle del *Novellino* o, ancor meglio, del *Decameron* che ruotano intorno a personaggi di ogni livello sociale, laici o religiosi, maschi o femmine i quali riescono a ottenere quel che vogliono o a cavarsela in momenti difficili e pericolosi o a vincere gli avversari più agguerriti e superare gli ostacoli più tremendi grazie proprio alle loro doti intellettuali. Sono appunto personaggi che fanno un uso spregiudicato, senza remore morali, della loro intelligenza. Si ricordi l'esempio della prima novella del *Decameron*, nella quale un farabutto senza scrupoli e peccatore inveterato come Ser Ciappelletto riesce in punto di morte a farsi passare per santo.

È su quest'uso dell'intelligenza che voglio concentrare la nostra attenzione. In ultima analisi il peccato di Ulisse non consiste né nella ricerca della conoscenza in sé, né tanto meno nell'improbabile diserzione dei suoi doveri domestici e civili, né nella presunta frode ai danni del suo equipaggio, ma

1. *Dante and Virgil standing over the bridge of the eigth bolgia,*
last quarter of the 15th century. Vatican City,
Biblioteca Apostolica Vaticana, MS Urb. lat. 365, fol. 69v

---

1. *Dante e Virgilio sul ponte che sovrasta l'ottava bolgia*, ultimo
quarto del XV secolo. Città del Vaticano,
Biblioteca Apostolica Vaticana, ms. Urb. lat. 365, fol. 69v

ULYSSES AND THE LIMITS OF DANTE'S HUMANISM

– come del resto Dante avverte nei versi che abbiamo appena visto – nell'uso spregiudicato dell'intelligenza dimostrato in *tutte* le sue azioni, le tre che Virgilio elenca ai vv. 55-63 e quella, al mondo ancora ignota, che Ulisse sta per raccontare, un istinto naturale che verso la fine della vita lo spinge irresistibilmente verso l'isola del Paradiso terrestre.

Rivediamo insieme il canto. Dante e Virgilio si trovano sul ponte che sovrasta l'ottava bolgia (fig. 1). Sotto di loro una scena fosca e spettrale. Lingue di fuoco si agitano nel silenzio buio della valletta come lucciole in una notte estiva. Dante è così affascinato che sta quasi per cadere giù a capofitto. Lo attira la vista di una fiamma divisa sulla punta come in due lingue. Virgilio gli spiega che la fiamma nasconde e tormenta Ulisse e Diomede, i due eroi greci che, come racconta Omero, combatterono insieme alla guerra di Troia. Virgilio elenca i tre inganni per cui sono puniti nell'ottava bolgia: il famoso tranello del cavallo di legno, la separazione di Achille da Deidamia che ne morì di dolore, il furto della statua di Pallade Atena dalla rocca di Troia. Questa spiegazione non placa però la curiosità di Dante che è straordinariamente ansioso di parlare con i due eroi. Virgilio dunque chiama la duplice fiamma e chiede a uno dei due di raccontare dove e come incontrò la morte. È una domanda inattesa, giacché non riguarda né le astuzie di Ulisse alla guerra di Troia, né le sue favolose avventure sulla via del ritorno, ma il luogo e il modo della sua morte, un fatto sul quale nemmeno Omero aveva una risposta definitiva.

La fiamma freme, si torce, mormora come una grande quercia squassata dai vènti, e infine, dopo secoli e secoli di silenzio, emette suoni e finalmente parole.

still unknown to everyone, that he is about to reveal. It is an issue that is still very much alive in our time and in our culture—in fact, it may be more relevant than ever today: what are we to do with our intelligence? How far can we let it go? May we let it run its course freely, without any consideration for its potential social and moral outcomes? More about this later. First, let's examine our canto.

Dante and Virgil are standing on the bridge over the eighth *bolgia* (fig. 1) . Under the bridge is a dark and eerie landscape. Tongues of fire flit about by the thousands, like fireflies on a summer night. A ghostly silence everywhere. Dante is so intent on looking down that he almost falls over. His attention is caught by a flame cloven at the top. This, Virgil explains, hides and torments Ulysses and Diomedes, two great Homeric heroes who fought in the Trojan war. Virgil lists the three sins for which they are perpetually punished, namely, the famous stratagem of the Trojan horse, the trick by which they separated Deidamia from her beloved Achilles, and the theft of the statue of Pallas Athena from the citadel of Troy. However, Dante's curiosity is hardly satisfied. He is unusually keen for the cloven flame to come closer and speak to them. When the flame does approach, Virgil entreats one of the two burning spirits (obviously Ulysses, as the circumstances of Diomedes' death were known) to tell them where and how "he went to die". The question is intriguing, for it does not concern Ulysses' legendary deceptions, nor his adventures on the way back home, but the place and manner of his death, about which nobody, not even Homer, could give a definitive answer.

The flame of Ulysses begins to toss and murmur, resembling a great oak beaten and shaken by the winds. Its tip

Lo maggior corno de la fiamma antica
cominciò a crollarsi mormorando,
pur come quella cui vento affatica;
    indi la cima qua e là menando,
come fosse la lingua che parlasse,
gittò voce di fuori e disse: «Quando
                                    (vv. 85-90)

È Ulisse che parla, ed ecco in breve quel che dice. Dopo aver
lasciato Circe presso Gaeta, dove l'incantatrice aveva tramu-
tato i suoi compagni in porci e trattenuto lui nella prigione
dei piaceri per più di un anno (fig. 2), né l'affetto per il figlio
Telemaco, né la devozione al padre Laerte, né l'amore per la
sposa Penelope erano stati sufficienti a vincere la sua brama
di conoscere il mondo e i vizi e le virtù umane:

né dolcezza di figlio, né la pieta
del vecchio padre, né 'l debito amore
lo qual dovea Penelopè far lieta,
    vincer potero dentro a me l'ardore
ch'i' ebbi a divenir del mondo esperto
e de li vizi umani e del valore
                                    (vv. 94-99)

Così, lasciata la costa tirrenica, anziché volgersi verso oriente
e Itaca, aveva scelto di spingersi verso occidente con l'unica
nave rimastagli e i pochi compagni sopravvissuti ad anni
e anni di peripezie sul mare. Davanti a loro passano tutti i
punti più noti ai naviganti del Mediterraneo occidentale: la
Sardegna e le altre isole, la costa europea fino alla Spagna,
quella africana fino al Marocco (fig. 3). Quando giungono alle
colonne d'Ercole, Ulisse e la sua ciurma sono vecchi e lenti, e

waves to and fro and, finally, after twenty centuries of silence, the murmur becomes a sound and the sound a voice.

> And the larger horn of that ancient flame
> began to murmur and to tremble,
> like a flame that is worried by the wind.
> Then, brandishing its tip this way and that,
> as if it were the tongue that spoke,
> it brought forth a voice and said: "When
>
> (vv. 85–90)

Here, like many characters in the *Divine Comedy*, Ulysses starts to tell the story of his death. This, in a nutshell, is what he says. After leaving Circe near Gaeta (on the coast between Rome and Naples), where the enchantress had transformed his crew into swine and kept him and them for over a year (fig. 2), Ulysses did not sail home, for neither affection for his son, nor devotion for his father, nor the love he owed his wife Penelope could overcome his yearning to know the world and the vices and virtues of man:

> not tenderness for a son, nor filial duty
> toward my agèd father, nor the love I owed
> Penelope that would have made her glad,
> could overcome the fervor that was mine
> to gain experience of the world
> and learn about man's vices, and his worth.
>
> (vv. 94–99)

So, instead of sailing eastward to Ithaca, his home island in the Ionian sea, Ulysses sets forth westward with one ship and the few men who had survived their wanderings of many

2. *Stories of Ulysses*, front of a cassone (marriage chest), 1475.
Florence, Museo Stibbert, detail (Ulysses and Circe at table, with,
below, Ulysses' men transformed into animals)

2. *Storie di Ulisse*, fronte di cassone, 1475. Firenze, Museo Stibbert
particolare (Ulisse e Circe a tavola, e, sotto, i compagni di Ulisse
trasformati in animali)

years. Together they sail past all the known landmarks of the western Mediterranean: Sardinia and the other islands, the shores of Spain and Morocco (fig. 3). By the time they reach the Pillars of Hercules (now the Straits of Gibraltar), Ulysses and his companions are old and slow. They have already left Ceuta behind on the African side and they are leaving Seville on the Iberian. The dilemma is whether to turn back or push further forward into the immense, uncharted Ocean. Here, lured once more by the call of the unknown, Ulysses addresses his men urging them onward:

> "O brothers," I said, "who, in the course
> of a hundred thousand perils, at last
> have reached the west, to such brief wakefulness
>   of our senses as remains to us,
> do not deny yourselves the chance to know
> —behind [my transl.] the sun—the world where no one lives.
>   Consider how your souls were sown:
> you were not made to live like brutes or beasts,
> but to pursue virtue and knowledge."
>
> (vv. 112–20)

Because we have so little time left to live, Ulysses says, we should not deny ourselves the opportunity to explore the unpeopled world beyond where the sun sets (fig. 4). Consider your origin, he continues, you are humans, you were not made to live like beasts, but to pursue virtue and knowledge. Fired up by his speech, Ulysses and his men sail on, disregarding the warning of the Pillars of Hercules. They sail into the unknown Ocean always bearing South in what was to be their *folle volo*, their mad flight. After five months, at last they come in sight of land—a solitary mountain in the

già hanno oltrepassato a sinistra Ceuta e a destra Siviglia. Il dilemma a questo punto è se tornare indietro nel Mediterraneo o andare avanti sulle acque dell'immenso e sconosciuto oceano. È qui che l'eroe, preso dal richiamo dell'ignoto, esorta i suoi marinai a un'ultima avventura:

> «O frati», dissi, «che per cento milia
> perigli siete giunti a l'occidente,
> a questa tanto picciola vigilia
>   d'i nostri sensi ch'è del rimanente
> non vogliate negar l'esperïenza,
> di retro al sol, del mondo sanza gente.
>   Considerate la vostra semenza:
> fatti non foste a viver come bruti,
> ma per seguir virtute e canoscenza».
>
> (vv. 112-120)

In altri termini, 'anche se – dice Ulisse – ci rimane poco tempo da vivere, non dobbiamo negarci l'opportunità, che ci si presenta ora, di esplorare la parte disabitata della terra (fig. 4). Considerate che siete esseri umani e come tali non foste fatti per vivere come bestie ma per cercare di raggiungere virtù e conoscenza'. E così Ulisse e i suoi marinai, infiammati da questa piccola orazione, si spingono avanti e, trascurando il monito delle colonne d'Ercole, entrano nell'inesplorato oceano in quello che sarà per loro un «folle volo». Proseguono per ben cinque lune verso sud-ovest, finché giungono in vista di una montagna solitaria e altissima in mezzo all'oceano. Si rallegrano pensando di aver finalmente trovato terra e salvezza, ma proprio da quella terra si scatena un turbine che afferra la nave, la fa girare intorno tre volte e la sprofonda nell'abisso, come vuole una forza superiore a Ulisse ignota:

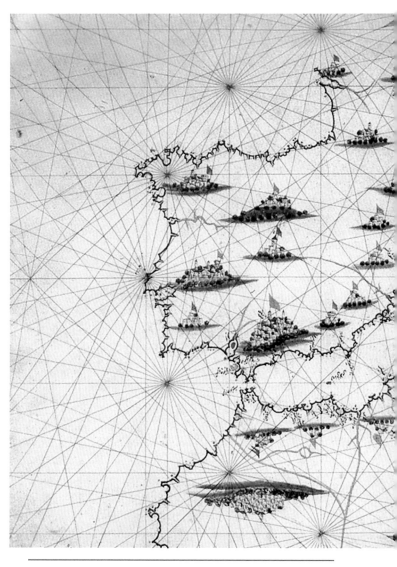

3. Estense World Map, c. 1450. Modena, Biblioteca Estense
Universitaria, C.G.A. 1, detail

3. Mappa Estense, 1450 ca. Modena, Biblioteca Estense
Universitaria, C.G.A. 1, particolare

4. Bartholomeus Anglicus, *Livre des propriétés des choses*, 13th century.
Paris, Bibliothèque nationale de France, Ms. Français 9140, fol. 226v

---

4. Bartholomeus Anglicus, *Livre des propriétés des choses*, XIII secolo.
Parigi, Bibliothèque nationale de France, Ms. Français 9140, fol. 226v

Tre volte il fé girar con tutte l'acque;
a la quarta levar la poppa in suso
e la prora ire in giù, com'altrui piacque,
infin che 'l mar fu sovra noi richiuso».

(vv. 139-142)

Con questa scena in cui l'eroe e i suoi compagni s'inabissano nel gorgo marino in vista della salvezza si chiudono simultaneamente il canto e il racconto di Ulisse. Nessun commento da parte dell'eroe greco, nessuno da parte di Dante. Ci provò T. S. Eliot: «E se un Altro sa, io so che non so, / io soltanto so che non c'è più rumore adesso» (trad. mia), ma a Ezra Pound non piacque. Ancora una volta il poeta prova l'efficacia, accanto all'arte del dire, dell'arte del tacere. L'episodio sembra infatti semplice a prima vista ma i suoi silenzi sollevano questioni difficili e inquietanti.

Prima questione. Perché Dante dimostra tanto interesse e rispetto per Ulisse, un eroe pagano non 'sospeso' nel Limbo come tanti altri che abbiamo visto nel quarto canto, ma condannato all'Inferno?

Seconda. Come spiegare l'eccezionalità di Ulisse nell'*Inferno*? I grandi personaggi della prima cantica – Francesca, Farinata, Pier delle Vigne, Brunetto Latini, Guido da Montefeltro, il conte Ugolino – sono tutti personaggi storici, italiani, contemporanei o quasi di Dante. Ulisse è la grande eccezione, il solo grande personaggio della *Commedia* che, pur essendo non soltanto antico, ma leggendario e non italiano, domina un canto intero. Perché questa eccezione?

Terza. La versione dell'ultimo viaggio di Ulisse offerta da Dante è unica nella tradizione della letteratura occidentale. L'Ulisse di Omero ritorna a Itaca ma Omero non ne racconta la morte. Nell'*Odissea* Tiresia predice a Ulisse una morte che verrà

middle of the Ocean. As they are cheering at the thought of escaping their ordeal, a sudden tornado, coming from the mountain, strikes the ship, which spins around three times, is caught in the whirlpool and plunges into the abyss, as pleased *Another*.

> Three times it turned her and all the waters
> with her. At the fourth our stern reared up,
> the prow went down – as pleased Another –
> until the sea closed over us.
>
> (vv. 139–42)

With the scene of Ulysses and his men drowning so close to land and safety, both Ulysses' story and the canto come to a close. Neither Ulysses nor Dante adds one word to this tragic ending. T. S. Eliot made an attempt: "And if *Another* knows, I know I know not, / Who only know that there is no more noise now", an attempt that didn't please Ezra Pound. The episode seems simple indeed, but its reticence on several points leaves us with challenging questions and problems of interpretation.

First question. Why is Dante the character so full of respect for, and interest in, Ulysses, a pagan hero, who unlike most other ancient heroes 'suspended' in Limbo, is found condemned to burn forever in lower Hell?

Second. All the great characters of Dante's *Inferno*—Francesca, Farinata, Pier delle Vigne, Brunetto Latini, Guido da Montefeltro, Count Ugolino—are historical figures, all Italian, more or less of Dante's own time. Ulysses is the only major character in the *Divine Comedy*, who, while belonging to an ancient, legendary and foreign past, dominates an entire canto. Why such an exception? How can we explain it?

dal mare in età molto tarda (XI 133-137) ma niente di più. In ogni caso, è del tutto improbabile che Dante conoscesse l'*Odissea*, anche se è ragionevole presumere che ne conoscesse le epitomi latine e le relative leggende circolanti nel Medioevo (fig. 5). Ma se le conosceva, perché cambiò la versione omerica della storia di Ulisse? E se non le conosceva, perché scelse di negare a Ulisse il ritorno a Itaca e farlo morire davanti a quella montagna in mezzo all'oceano? Dante si rendeva conto che, facendo morire Ulisse nell'Atlantico, rendeva impossibile l'*Odissea*?

Quarta e ultima. Nel racconto dantesco Virgilio afferma inequivocabilmente (vv. 55-63) che Ulisse e Diomede pagano in Inferno per i tre inganni perpetrati alla guerra di Troia, ma che dire dell'ultima impresa di Ulisse? Che ne pensa Dante? E noi come dobbiamo interpretarla? Questo è il punto più controverso, almeno nel nostro tempo, e le domande in cui si articola sono in genere le seguenti:

a) Ulisse è colpevole di venir meno ai suoi doveri di padre, marito, figlio, re di Itaca, come molti critici sostengono?

b) il suo discorso ai compagni è fraudolento?

c) che cosa sono la virtù e la conoscenza che esorta a perseguire?

d) che cos'è l'isola-montagna che gli appare in mezzo all'oceano?

e) come spiegare il suo improvviso naufragio? Chi è l'Altro a cui piace che avvenga?

f) infine e soprattutto, cos'è il suo peccato? Di che cosa è colpevole Ulisse?

Le interpretazioni dell'episodio sono molte e si continua a produrne sempre di nuove, qual più qual meno, ma si possono

5. *Stories of Ulysses*, front of a cassone (marriage chest), 1475.
Florence, Museo Stibbert

5. *Storie di Ulisse*, fronte di cassone, 1475.
Firenze, Museo Stibbert

Third. Did Dante know the Homeric poems? Dante's version of Ulysses' death is unique in the tradition of western literature. Homer's Odysseus goes home to Ithaca, and, though Tiresias prophecies for him a death by water in sleek old age (*Od.* XI 133–37), the story of that death is not told in the *Odyssey*. In any case, Dante is very unlikely to have known the Homeric poems, as Greek was unknown in most of the West until the end of the fourteenth century. Probably Dante acquired some notions about Ulysses and his adventures through references he found scattered in the Latin classics and in various summaries of the *Odyssey* available in the Middle Ages (fig. 5). But if he did know, why did he change Homer's story? And if he didn't know, why did he choose to have Ulysses forgo his return home and die how and where he does? Did Dante realize that, by making Ulysses die before he reaches the land of the Phaeacians, he contradicted Homer to the point of making his story utterly impossible?

Fourth. In Dante's story, Virgil makes it clear (vv. 55–63) that Ulysses and Diomedes are paying in Hell for their three well-known deceptions on earth, but what about Ulysses' last exploit? How does Dante judge it, and what are we to make of it? More specifically:

a) Is Ulysses guilty of neglecting his duties as father, son, husband, and king of Ithaca?

b) is his speech to his crew fraudulent?

c) what are the virtue and knowledge he seeks?

d) what is the mountain-island he sees but fails to reach?

e) how do we explain his shipwreck? Who is the Other who wills it?

f) finally, and above all, is his final voyage sinful and what is his sin?

ricondurre tutte a due modelli fondamentali. C'è una lettura cosiddetta 'romantica' o 'eroica', magnificamente declinata nella poesia *Ulysses* di Lord Tennyson (1809-1892), secondo la quale l'Ulisse dantesco è il tragico prototipo dell'indomito ricercatore e esploratore che sacrifica la propria vita in nome della conoscenza. In Italia la rappresenta degnamente Francesco De Sanctis (1817-1883) per il quale Ulisse è «una piramide nel fango di Malebolge», un precursore di Cristoforo Colombo, un pioniere della scienza moderna. E bene la rappresenta Benedetto Croce (1866-1952) che considera Ulisse «peccaminoso ma di sublime peccato, eroe tragico», secondo una lettura che prevalse di gran lunga in Italia per tutta la prima metà del Novecento e oltre. La si trova memorabilmente declinata in un famoso episodio di *Se questo è un uomo* di Primo Levi (1919-1987).

C'è poi un'interpretazione alternativa, di matrice a mio parere moralistica, che si fonda sull'idea che tutto quel che si trova nell'*Inferno* dev'essere di necessità negativo, e se si crede di trovarvi qualcosa di positivo, può essere soltanto effetto di una pia illusione. Secondo tale interpretazione, l'Ulisse di Dante è personaggio totalmente spregevole che diserta i suoi doveri familiari e civili, inganna perfidamente i suoi marinai e nella sua folle ricerca di conoscenza li trascina alla morte. Per fare qualche esempio, Rocco Montano (1956) sostiene che: «Ulisse è nella mente di Dante l'incarnazione di una ricerca vana e distorta, una sete di conoscenza che per il poeta era *curiositas*, peccato, *prostitutio nostrae virtutis rationalis*» (fig. 6); per Giorgio Padoan (1960) Ulisse, *fandi fictor* ('bugiardo' come lo chiama lo spaccone Numano, detto Remulo, in *Aen.* IX 602), *scelerum inventor* ('ideatore di crimini' come lo dice Enea in *Aen.* II 164), sfrutta le verità e gli istinti più sacri per spingere i propri compagni a compiere un'azione ingiusta e autodistruttiva; John A.

Many and varied are the interpretations of the episode, and more are regularly added, but they may all be classified under one or the other of two contrasting models, each articulated in many different, even contradictory sub-varieties. The heroic or 'Romantic' interpretation views Dante's Ulysses as the tragic prototype of the untamed explorer who gives his life for the sake of knowledge and freedom. This interpretation, beautifully expressed in the poem *Ulysses* by Lord Tennyson (1809–1892), is exemplified in Italy by Francesco De Sanctis (1817–1883) who, writing in 1870, views Ulysses as a "pyramid planted in the mud of Maleboge", a forerunner of Columbus, and a pioneer of modern science. This is also the view of the most eminent Italian intellectual of the first half of the twentieth century, Benedetto Croce (1866–1952): for him Ulysses is, yes, "guilty of sin, but a sublime sin—he is a tragic hero". And this was the standard, though not unique, interpretation in Italy throughout the first half of the last century. You find it memorably and movingly rendered in Primo Levi's *Se questo è un uomo* (*If this is a man*, 1947), to which we shall return.

The alternative interpretation is based on the ultimately moralistic notion that everything in Hell must by definition be bad, and anything that may seem positive and good can only be a delusion. Accordingly, Dante's Ulysses is viewed as a contemptible character who forsakes his family and civic duties, deceives his sailors and, in his foolish search for vain knowledge, drives them to their destruction. For example, already in 1956, Rocco Montano wrote: "Ulysses is, in Dante's mind, the incarnation of a vain and distorted investigation, of a search for knowledge that for the poet, as for the whole medieval world, was *curiositas,* sin, *prostitutio nostrae virtutis rationalis* (a prostitution of our rational faculty)" (fig. 6). This negative view of Ulysses is powerfully developed in Italy by

Scott (1971) aggiunge paglia al fuoco sostenendo che l'Ulisse della *Commedia* è l'antitesi di esemplari personaggi danteschi quali Enea, Catone, Salomone e Dante stesso, uomo e personaggio. Tale è tuttora la lettura del personaggio dantesco che prevale nei paesi anglofoni, ma è quella che va ormai per la maggiore anche in Italia, dove è diventato normale leggere il canto XXVI dell'*Inferno* come un *continuum* in cui, dopo aver elencato i tre inganni dell'Ulisse omerico, Dante ne inventerebbe un quarto in cui l'eroe, abbandonata casa e città, con la sua consumata abilità retorica persuaderebbe i compagni ad andare incontro alla sua e loro distruzione – un vero e proprio suicidio secondo Jorge Luis Borges (1982).

6. *Ulysses and the Sirens*, from the *Roman de Troie* by Benoît de Sainte-Maure, 12th century. Paris, Bibliothèque nationale de France, MS fr. 782, fol. 197

6. *Ulisse e le sirene*, dal *Roman de Troie* di Benoît de Sainte-Maure, XII secolo. Parigi, Bibliothèque nationale de France, ms. fr. 782, fol. 197

Giorgio Padoan (1960) and in the UK by John A. Scott (1971) who regards the Greek hero as the antithesis of Dante, both the pilgrim and the man, and of other exemplary characters of the *Divine Comedy*, such as Aeneas, Cato and Solomon. This has now become the standard view of Dante's Ulysses in English speaking countries, but it is also the prevailing view in Italy where *Inferno* XXVI is read as a *continuum* in which, after listing Ulysses' traditional three deceptions, Dante goes on to fabricate a fourth in which, after abandoning family and country, Ulysses with his rhetorical skill persuades his old companions to sail to his and their own death—a veritable suicide, according to another influential reader of Dante's poem, Jorge Luis Borges (1982).

To mention two final examples among many, Bruno Basile (2013) argues that Dante's Ulysses is driven by a "godless, diabolical pride", his "brief speech" is his "last deception"; for Basile, Dante transforms Homer's centripetal hero into a centrifugal figure who squanders his God-given genius in pursuit of useless knowledge, and in the process causes the death of his crew after beguiling them with his words. Thus Ulysses' last journey becomes his worst "scam", and Ulysses himself a thoroughly despicable trickster. My good and much lamented friend Robert Hollander was particularly scathing of the heroic interpretation, which he considered naive and wrong; for him, as can be seen in his brilliant commentary on the *Comedy*, Ulysses is a "con artist" (2000), who fooled many readers of Dante's poem from Lord Tennyson to Primo Levi. The trouble is that this is not just another academic issue, for, on the bases of such reading, it would be unthinkable for someone like Primo Levi, while an inmate in Auschwitz, to find in his memory of the Dantean episode the glimmer of light and hope that he tells us about in *If this is a man.*

Per fare un esempio tra i tanti, per Bruno Basile (2013) quello di Ulisse sarebbe «empio orgoglio luciferino», la sua «orazion picciola» il suo «ultimo inganno». Dante trasformerebbe così l'eroe centripeto di Omero in una figura centrifuga che sperpera l'ingegno datogli da Dio in una ricerca vana e inutile. Anzi, la sua ultima avventura sarebbe, moralmente, anche la sua peggiore. Il mio compianto amico Robert Hollander era particolarmente avverso a ogni lettura eroica dell'Ulisse dantesco. Per lui, come spiega nel suo brillante commento, assai diffuso negli Stati Uniti e tradotto anche in italiano, Ulisse è un «con artist», un artista da strapazzo, un imbroglione che ha ingannato molti lettori della *Commedia* da Lord Tennyson a Primo Levi. Si badi bene che non si tratta di una questione meramente accademica. Partendo da una siffatta lettura sarebbe infatti impensabile trovare nell'episodio dell'Ulisse di Dante la fiducia nei valori dell'umanesimo che a Primo Levi, come vedremo, offriva uno spiraglio di luce e speranza in quella mattina del giugno 1944 a Auschwitz.

Esiste anche una terza categoria di interpreti, che, sfuggendo in parte alle due sopra menzionate, mette in rilievo le radici autobiografiche dell'Ulisse dantesco non come pellegrino, ma come poeta che intraprende e coscientemente porta avanti per tutto il poema, canto dopo canto, un viaggio testuale dal mondo dei vivi al mondo dei morti tanto trasgressivo quanto quello geografico del personaggio di Ulisse. Indubbiamente, questa posizione critica, rappresentata senza pari da Teodolinda Barolini (1992), arricchisce notevolmente la nostra percezione della profondità e complessità del canto XXVI dell'*Inferno* e in generale del poema dantesco; non è però in tale direzione che intendo dirigermi. L'aspetto di questo ricchissimo canto che mi propongo di illuminare è ancora un altro.

There is a third category of critical interpreters who, partly eschewing both categories mentioned above, focus and explore the autobiographical nature of the Dante's Ulysses, not however Dante as pilgrim but as poet who embarks upon, and consciously develops throughout the poem, a textual journey as transgressive as his Ulysses' final voyage. Undoubtedly, this critical position, peerlessly developed by Teodolinda Barolini (1992), enriches our understanding and appreciation of the daring and self-conscious nature of Dante's work. However, it is not in this direction that I intend to proceed in my reading of the Ulysses episode. As we will presently see, the aspect of the canto I aim to shed light on is yet another.

Clearly, if he 'finds' Ulysses in Hell, Dante must be convinced that he is guilty of mortal sin. As mentioned earlier, it is a conviction that is lucidly stated by Virgil when he lists the three deceptions for which Ulysses and Diomedes are forever paying in Hell. But what is the new sin which, unknown till now to anyone, Ulysses reveals for the first time to Dante Alighieri and to the world? For me, it is neither his failure to go back to Ithaca, nor the unlikely deception of his companions, nor even his search for knowledge, but the unrestrained use of intelligence, as shown both in his famous deceptions and in his last, tragic adventure. It is this intelligence, this *ingegno*, that drives him out of the Mediterranean and towards the mysterious island in the middle of the ocean. For this is not *any* island. In the Judeo-Christian imagination, it is the island of the Garden of Eden, the earthly paradise (fig. 7), lost to humankind by Adam and Eve, and regained by Jesus Christ on the cross. Indeed what Ulysses seems to be seeking is nothing less than the object of the greatest Judeo-Christian myth.

È ovvio che, per 'trovare' Ulisse in Inferno, Dante dev'essere convinto che è colpevole di peccato mortale. È una convinzione che viene messa in chiaro dal personaggio di Virgilio quando elenca i tre inganni di Ulisse: per essi l'eroe si trova in Inferno. Ma che cos'è il nuovo peccato che Ulisse rivela per la prima volta a Dante Alighieri e al mondo? Per me non è né il mancato rientro a Itaca, né la ricerca di conoscenza, né tantomeno l'improbabile inganno del suo equipaggio, ma l'uso incontrollato dell'intelligenza, dimostrato sia nei tre famosi inganni, sia nella sua ultima avventura. È proprio tale intelligenza operativa, o ingegno, che lo spinge fuori dal Mediterraneo verso un'isola misteriosa a tutti sconosciuta nel mezzo dell'oceano. Questa non è infatti un'isola qualsiasi, ma bensì l'isola del giardino dell'Eden, il Paradiso terrestre (fig. 7) perduto all'umanità da Adamo ed Eva. Quel che Ulisse sembra cercare, chiaramente senza saperlo, è nientemeno che l'oggetto del più grande mito della cultura giudeo-cristiana.

Per illustrare questo punto, devo in via preliminare mettere a fuoco il carattere dell'Ulisse dantesco rispetto a quello del suo antecedente, l'Odisseo omerico. Quest'ultimo è dotato di due impulsi che lo spingono avanti: uno è il suo desiderio di ritornare a casa, la sua nostalgia di Itaca, la moglie, il figlio, il padre, il riposo, la pace; l'altro impulso è la sua curiosità intellettuale, il desiderio di esplorare e conoscere terre, cose, usanze, genti nuove, sconosciute, inaspettate (fig. 8). I due impulsi, del *nostos* e del nuovo, lo spingono in direzioni opposte facendolo così errare per ben dieci anni da una costa all'altra del Mediterraneo, ma alla fine prevale l'impulso centripeto e Odisseo ritorna a Itaca dove riassume il suo ruolo di re, marito, padre e figlio.

Veniamo ora a Dante. Il quale molto probabilmente non conosce l'Odisseo omerico ma, grazie a riferimenti raccolti nei testi classici latini e in compendi medievali, è consapevole dei

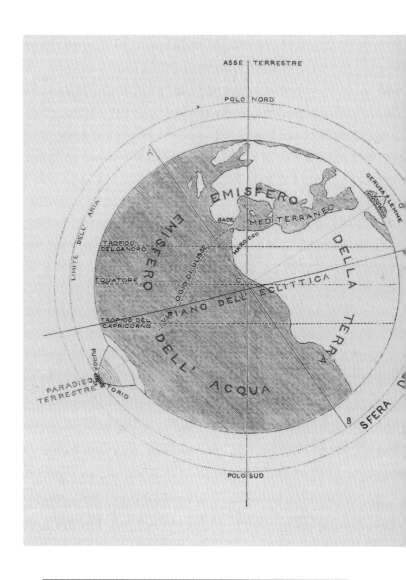

7. The terraqueous globe according to Dante (from Edoardo Coli, *Il paradiso terrestre dantesco*, Florence: Carnesecchi, 1897)

ULYSSES AND THE LIMITS OF DANTE'S HUMANISM

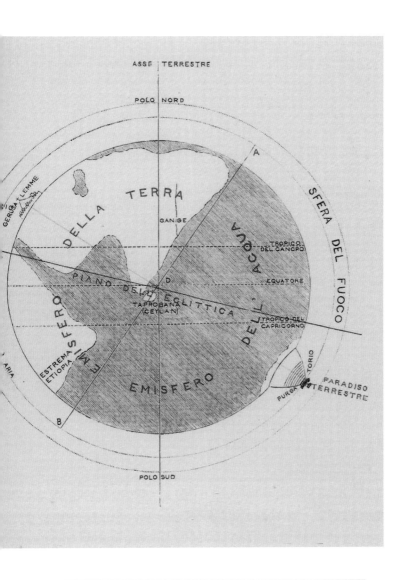

7. Il globo terracqueo secondo Dante Alighieri (da Edoardo Coli,
Il paradiso terrestre dantesco, Firenze, Carnesecchi, 1897)

To understand this point, we must focus on the differences between Dante's Ulysses and Homer's Odysseus, i.e. on how Dante transforms the figure of the Greek hero. Homer's Odysseus displays two contrasting impulses that drive him forward. One is his desire to return home, his *nostalgia* for Ithaca, his family and peace after ten years spent fighting in the Trojan war and ten more trying in vain, though not always convincingly, to return home. The other impulse is his yearning to explore and gain knowledge of new lands and unknown, undiscovered people (fig. 8). These two impulses push him in opposite directions, keeping him wandering for ten years all over the Mediterranean, but in the end the centripetal force wins, and the Homeric Odysseus returns home to resume his position as king, husband, father and son.

Dante does not know Homer's Odysseus but, thanks to references that he finds in classical and medieval literature, he is well aware of the two opposite impulses that propel the Greek hero. On such foundations, he builds something quite different, new and absolutely brilliant. He collapses one impulse into the other—Ulysses' desire for home, the known, and the past into his yearning for knowledge, the new and the future. In short, Dante gives Homer's Ulysses a new soul. Instead of aiming towards Ithaca, this Ulysses aims, unknowingly of course, for a loftier, definitive home, a *mondo sanza gente*, an uninhabited world that he has never seen, but that he instinctively intuits must exist. This is what he longs to reach in his *folle volo* beyond the Pillars of Hercules. He discovers within himself what five centuries later Baudelaire will call the "nostalgie du pays qu'on ignore", a nostalgia for a land that one does not know, a nostalgia for the future, or if you wish, for some unknown Happy Island or earthly paradise.

due impulsi contrapposti che lo definiscono, la ricerca della casa e il desiderio di conoscenza. Muovendo da queste basi, l'Alighieri compie un'innovazione geniale: fa collassare un impulso sull'altro, il desiderio della casa, del noto, del passato sul desiderio di conoscenza, del nuovo e del futuro; in altre parole Dante dà un'anima nuova all'Ulisse omerico. Il suo Ulisse, anziché dirigersi verso Itaca e il passato, punta la nave verso una patria futura, più elevata e definitiva, un *mondo sanza gente* che non ha mai visto prima ma che l'intuizione gli dice che deve esistere. Questa è la nuova destinazione che l'Ulisse dantesco si prefigge nel suo «folle volo» al di là delle colonne d'Ercole. L'eroe scopre in sé quella che, secoli più tardi, Baudelaire chiamerà la *nostalgie du pays qu'on ignore*, nostalgia del paese che non si conosce, nostalgia del nuovo e del futuro, delle isole fortunate, del Paradiso in terra.

Ma attenzione: questa non è una destinazione inventata a capriccio dal sottoscritto. Al contrario, per la cultura medievale è un destino iscritto addirittura nel nome dell'eroe greco. Secondo un'etimologia diffusissima al tempo di Dante, il nome 'Ulisse' deriverebbe da *olon xenos*, che vuol dire 'straniero a tutte le cose', o come scrive Uguccione da Pisa nel vocabolario duecentesco che Dante conosceva bene: *quasi peregrinus omnium. Iste designat sapientem qui in hoc mundo conversatur tamquam peregrinus:* ossia, 'questo nome designa il saggio che in questo mondo vive da pellegrino', e qui cita, dalla lettera agli Ebrei di san Paolo, una frase assolutamente fondamentale nella visione cristiana del mondo e della condizione umana: *non enim hic habemus manentem civitatem sed futuram inquirimus* (Hebr. 13.14), cioè, il saggio vive la vita da esule o pellegrino perché qui, sulla terra, non abbiamo una città o patria permanente ma siamo in cerca di una patria futura.

This is not a fanciful invention of mine. It is consistent with the medieval notion that a destiny is inscribed in the very name of the Greek hero. According to a well-known medieval etymology, the name Ulysses derives from *olon xenos*, meaning 'a stranger to all things,' or as the dictionary compiled by Uguccione da Pisa in the twelfth century (*circa* 1130–1210) puts it: *quasi peregrinus omnium. Iste designat sapientem qui in hoc mundo conversatur tamquam peregrinus.* In English: the word Ulysses "denotes the wise man who inhabits this world as a pilgrim, a stranger". Here Uguccione, whose work Dante knew, adds a famous biblical authority, St Paul's Letter to the Hebrews, and a sentence that synthesizes a fundamental Christian belief: *non enim hic habemus manentem civitatem sed futuram inquirimus* (Heb. 13:14): "For here we have no lasting home, but we seek the home which is to come".

There you have Dante's brilliant innovation. His Ulysses feels somehow that he is a stranger in this world, an exile and a pilgrim, and with his genius, his nautical technology and the strength of his mariners he seeks, as St Paul puts it, a true and definitive home. In the terms of the *Convivio*, one of Dante's so-called minor works, he seeks "that port from which it departed when *he* came to enter into the sea of this life" (IV xxviii 2, transl. R. Lansing). He tries to break "with his sails raised high" (IV xxviii 8) into a forbidden world, a land that belongs to the future. It is the only land where, after sailing for five months, he might escape death, but it is also a land that belongs to another time and another order of things. No wonder that his ship must be stopped, "as pleased Another". No one may break through the law of time and reach earthly paradise *before* Christ re-opens its gates. Ulysses comes in sight of the ultimate center, paradise on

8. *Stories of Ulysses*, front of a cassone (marriage chest), 1475.
Florence, Museo Stibbert, detail (Polyphemus eats a companion of
Ulysses; Ulysses and his men blinding Polyphemous)

---

8. *Storie di Ulisse*, fronte di cassone, 1475.
Firenze, Museo Stibbert, particolare (Polifemo divora un compagno
di Ulisse; Ulisse e i suoi uomini accecano Polifemo)

earth, and here he is struck down (fig. 9). He dies tragically, while exercising his greatest virtue, the virtue that defines him; he dies in a manner that is unexpected and mysterious for him, though not for the readers who watch his final exploit from a Christian perspective.

Let's go back to the most thrilling moment of Ulysses' address to his companions before they sail into the unknown:

> "O brothers," I said, "who, in the course
> of a hundred thousand perils, at last
> have reached the west, to such brief wakefulness
>   of our senses as remains to us,
> do not deny yourselves the chance to know
> —following the sun—the world where no one lives.
>   Consider how your souls were sown:
> you were not made to live like brutes or beasts,
> but to pursue virtue and knowledge.
>   (vv. 112–20)

When Primo Levi recites this passage in Auschwitz, he is stunned.

> Here, listen Pikolo, open your ears and your mind, you have to understand, for my sake:
>
> Consider your origin:
> you were not made to live like beasts,
> but to pursue virtue and knowledge.
>
> As if I also was hearing it for the first time—he writes— like the blast of a trumpet, like the voice of God. For a moment I forget who I am and where I am.

Eccola qui l'innovazione geniale di Dante. Il suo Ulisse intuisce in qualche modo di essere straniero in questo mondo e con il suo ingegno, la sua tecnologia nautica, i muscoli dei suoi compagni si mette in cerca, come dice san Paolo, di una patria vera e definitiva. Per metterla nei termini del *Convivio*, Ulisse cerca «quello porto onde *egli* si partio quando venne ad intrare nel mare di questa vita» (*Conv.* IV XXVIII 2). Irrompe così «colle vele alte» (*Conv.* IV XXVIII 8) in un mondo a cui non appartiene, naviga attraverso acque future, o futura è la «nova terra» che giunge a intravvedere. È questa – si badi bene – l'unica terra in cui, dopo cinque mesi di navigazione, potrebbe trovare salvezza, ma è anche l'isola del Paradiso terrestre, destinata a divenire un giorno l'isola del Purgatorio, una terra che appartiene a un altro tempo e a un altro ordine di cose, una terra vietata a ogni essere umano prima della morte di Cristo. Non sorprende perciò che l'eroe faccia naufragio, «com'altrui piacque». Non si può infatti vincere la legge del tempo, non si può accedere al paradiso terrestre *prima* che Cristo ne riapra le porte. Ulisse giunge in vista dell'ultimo centro, la *civitas futura*, il paradiso in terra, e qui viene fatalmente fermato per sempre. (fig. 9) Muore così, assecondando fino in fondo l'impulso della sua virtù più grande e più sua, muore in maniera per lui misteriosa, ma non per noi che assistiamo alla sua impresa da una specola cristiana.

Rileggiamo il discorso che Ulisse fa ai suoi compagni prima di volgere la nave verso l'ignoto:

> «O frati», dissi, «che per cento milia
> perigli siete giunti a l'occidente,
> a questa tanto picciola vigilia
>   d'i nostri sensi ch'è del rimanente
> non vogliate negar l'esperïenza,
> di retro al sol, del mondo sanza gente.

9. Unknown Florentine, *Ulysses' Shipwreck*, c. 1390–1400, Vatican City, Biblioteca Apostolica Vaticana, MS Vat. lat. 4776, fol. 92r

9. Anonimo fiorentino, *Il naufragio della nave di Ulisse*, 1390-1400 ca. Città del Vaticano, Biblioteca Apostolica Vaticana, ms. Vat. lat. 4476, fol. 92r

> Considerate la vostra semenza:
> fatti non foste a viver come bruti,
> ma per seguir virtute e canoscenza».
> (vv. 112-120)

Quando recita l'ultima di queste terzine al suo compagno di prigionia Jean, detto il Pikolo, Primo Levi ne rimane sbigottito:

> Ecco, attento Pikolo, apri gli orecchi e la mente, ho bisogno che tu capisca:
>
> Considerate la vostra semenza:
> fatti non foste a viver come bruti,
> ma per seguir virtute e conoscenza.
> Come se anch'io lo sentissi per la prima volta: – scrive Primo – come uno squillo di tromba, come la voce di Dio. Per un momento, ho dimenticato chi sono e dove sono.

Che cosa sente Primo, che cos'è lo squillo di tromba che lo desta dal sonno disumano in cui è caduto? Mentre traduce in francese quei versi, Primo è colpito dalla loro straordinaria energia, dall'effetto profondo e concreto che hanno su di lui in quel giorno e in quel luogo. Grazie a quelle parole, lungi dal dimenticare chi è e dov'è, Primo riscopre in sé l'essere umano che temeva fosse stato ormai demolito; per un momento, si sente sollevare al di sopra del campo di sterminio e dei suoi aguzzini, si sente in grado di affermare la sua insopprimibile umanità. Perché? Perché qui Dante definisce in una terzina che cosa vuol dire essere umani e Primo sente che, nonostante tutte le sofferenze e le tremende umiliazioni che ha subito, in quella definizione lui

As he translates Dante's lines into French for his inmate Jean, Primo is struck by their extraordinary energy, their overwhelming relevance there and then. Thanks to these words, far from forgetting who he is and where he is, Primo re-discovers within himself the human being he feared dead; for a moment, he rises above the camp and his torturers to assert his irrepressible humanity. Why? Because, here, Dante's Ulysses defines what it is to be human, and Primo feels that, despite all the suffering and humiliation he has been through, that definition still applies to him today, here in Auschwitz. It is, I believe, what inspires the title of his book, *If this is a man*.

They are indeed extraordinary words, the founding ethos of western culture, as has been said. The key is in the virtue and knowledge which Ulysses singles out as the values whose pursuit distinguish humans from beasts. The idea is hardly original in the fourteenth century, but what makes it irresistible is the form it takes and the context it emerges from—for Ulysses, the solitary ship in the middle of an endless ocean; for Primo the extermination camp in Auschwitz. But what are these values? Virtue means adherence to, and the search for, the good; knowledge, adherence to, and the search for, the truth. They are the values, both positive, which Dante's Ulysses merges when he decides to sail beyond the sunset into the *mondo sanza gente* in search of an ultimate truth. Only on the surface does his last voyage appear to be centrifugal; he is in fact searching for the true center of the world, Paradise on earth. He comes so close that he is able to catch a glimpse of it from his ship. And yet the tornado comes and plunges him into the abyss with his men, *com'altrui piacque*, as Another willed (fig. 10). Why?

si riconosce ancora, oggi e qui a Auschwitz. È da essa che nasce il titolo del suo libro.

Si tratta in effetti di parole semplici ma stupefacenti, il fondamento etico dell'umanesimo e della cultura occidentale, com'è stato ben detto da più parti. La chiave sta in quella virtù e quella conoscenza che Ulisse individua come i valori che distinguono gli esseri umani dagli animali. L'idea non è originale, ma, a renderla così irresistibile è la forma che prende e il contesto da cui emerge – per Ulisse la nave solitaria in mezzo all'oceano, per Primo Levi il campo di sterminio di Auschwitz. Che cosa sono questi valori? A guardar bene, virtù significa aderenza al bene e ricerca di esso, e conoscenza, aderenza al vero e ricerca di esso. Sono dunque esattamente i valori, o gli stessi impulsi, entrambi positivi, che l'Ulisse di Dante fonde insieme nel momento in cui decide di andare oltre le colonne d'Ercole, nel *mondo sanza gente*, in cerca di un mondo nuovo da cui si sente chiamato. Solo in apparenza dunque il suo ultimo viaggio è centrifugo. Ulisse si mette alla ricerca del centro vero del mondo, il Paradiso in terra, e giunge persino in vista di esso, ma non può, non gli è permesso di andar oltre e viene fermato, *com'altrui piacque* (fig. 10).

Chi sarà mai questo *Altro*? Ulisse non sa nulla di Lui, sa soltanto che è una forza superiore contro la quale non si può combattere. Ignora il peccato originale e si comporta, comprensibilmente, come se non esistesse. Non se ne rende conto, ma quando la sua nave si scontra con il turbine che viene dall'isola, si verifica qualcosa di veramente prodigioso e unico: due età, due codici morali e due poetiche si scontrano e intersecano – l'età antica e la moderna, il mondo pagano e il mondo cristiano, la poetica omerica e la dantesca. Quando tenta di approdare all'isola del Paradiso terrestre,

Who is this *Other*? Ulysses does not know, nor does he know anything about original sin, the Bible and Christianity. But here is Dante's genius: When Ulysses' ship crashes against the storm, something truly extraordinary happens: two different eras, two different ethical orders, and two poetic worlds intersect and clash — the ancient and the modern, the pagan and the Christian, the Homeric and the Dantean. By attempting to land on the earthly paradise before it is re-opened by Christ's death, Dante's Ulysses is unknowingly trying to break through the laws of time to a destination that is beyond *his* time; in Adam's words, he is trying "to trespass the boundary line" (*Par.* xxvi 117). It is "the so human and so necessary and yet unexpected anachronism" that Primo Levi glimpses in a flash of intuition at Auschwitz that morning of June 1944.

> I hold Pikolo back, it is vitally necessary and urgent that he listen, that he understand this "as pleased Another" before it is too late; tomorrow he or I might be dead, or we might never see each other again, I must tell him, I must explain to him about the Middle Ages, about the so human and so necessary and yet unexpected anachronism, and something else, something gigantic that I myself have only just seen, in a flash of intuition, perhaps the reason for our fate, for our being here today. (Transl. Stuart Woolf)

But how can Ulysses be guilty, and why should he be stopped if he is searching for the supreme good? What kind of transgression is his? The unequivocal and terrifying answer comes from Thomas Aquinas who, writing about the fall of Lucifer, makes a very sobering, indeed chilling, point:

> The devil sinned not by desiring something evil, but

l'Ulisse dantesco cerca inconsciamente di aprirsi un varco attraverso le leggi del tempo, cerca di navigare sulle acque del futuro verso un porto situato al di là del suo tempo: come dirà Adamo nel *Paradiso*, tenta inconsciamente il «trapassar del segno» (*Par.* XXVI 117). È questo appunto il «così umano e necessario e pure inaspettato anacronismo» che si dischiude all'intuizione di Primo Levi quella mattina del giugno 1944 a Auschwitz:

> Trattengo Pikolo, è assolutamente necessario e urgente che ascolti, che comprenda questo «come altrui piacque», prima che sia troppo tardi, domani lui o io possiamo essere morti, o non vederci mai più, devo dirgli, spiegargli del Medioevo, del così umano e necessario e pure inaspettato anacronismo, e altro ancora, qualcosa di gigantesco che io stesso ho visto ora soltanto, nell'intuizione di un attimo, forse il perché del nostro destino, del nostro essere oggi qui...

Ma che peccato è mai questo? Come può peccare Ulisse e perché viene fermato se è il bene che cerca? La risposta – tremenda – ci viene offerta da san Tommaso d'Aquino che a proposito di un'altra creatura che cercava la beatitudine dice una cosa terrificante: «Diabolus non peccavit appetendo aliquod malum, sed appetendo aliquod bonum, scilicet finalem beatitudinem non secundum ordinem debitum, id est non ut consequendam per gratiam Dei», cioè 'Il diavolo non ha peccato desiderando il male, ma desiderando il bene: la beatitudine finale, ma non secondo l'ordine dovuto, cioè senza ottenerla per la grazia di Dio' (*Quaestiones disputatae de malo*, qu. 16, art. 3).

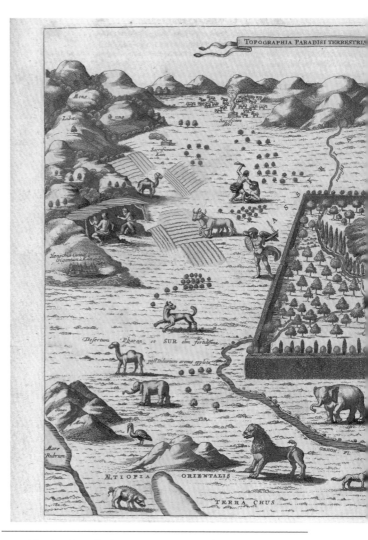

10. *The Garden of Eden*, engraving. In Athanasius Kircher, *Topographia paridisi terrestris juxta mentem et conjecturas authoris*, Amsterdam?: s.n., 1675? New Haven, Conn., Yale University, Beinecke Rare Book and Manuscript Library.

10. *Il paradiso terrestre*, incisione, in Athanasius Kircher,
Topographia paridisi terrestris juxta mentem et conjecturas authoris,
Amsterdam?, s.n., 1675? New Haven, Conn., Yale University,
Beinecke Rare Book and Manuscript Library.

rather by desiring something good, viz., ultimate beati-
tude, but not in a fitting manner, that is, not in such a way
as to attain it by God's grace.

(Diabolus non peccavit appetendo aliquod malum,
sed appetendo aliquod bonum, scilicet finalem beatitudinem non secundum ordinem debitum, id est non ut consequendam per gratiam Dei, *Quaestiones disputatae de malo*,
qu. 16, art. 3)

So, one can find damnation while looking for something
good, be it knowledge, as Adam and Eve did, or power, as did
Lucifer. This is Ulysses' case as well. The difference is that
Lucifer and Adam and Eve knew, Ulysses doesn't. However,
this is no justification. Ulysses' subjective innocence does
not make him less objectively guilty. His sin and his tragedy
consist in his wanting to reach God without God's help. A
pagan and a sinner, Ulysses attempts to reach the mountain
by means of intelligence and strength alone. However heroic
and noble, this attempt is destined to fail. The end is good
but the means employed to reach it presumptuous and at the
same time inadequate. Not just intelligence, not even virtue
can conquer eternal bliss by itself. It is not enough to seek,
one must be sought. As the choir of the Proud, on the first
terrace of Purgatory, prays: "May the peace of your kingdom
come to us, / for we cannot attain it of ourselves / if it come
not, for all our striving" (*ingegno* in the original text) (*Purg.*
XI 7–9), and as Dante himself finally concedes before the
supreme vision: "my wings were not sufficient for it" (*Par.*
XXXIII 139, my transl.).

Nevertheless, though guilty and doomed to fail, Ulysses'
search is noble and consistent with his nature and his iden-
tity. This is why, with the passing of time, he has found

Dunque, ci si può dannare cercando il bene, sia esso la conoscenza, come fecero Adamo ed Eva, o la beatitudine di Dio, come fece Lucifero. Con la differenza sostanziale che sia Lucifero che Adamo ed Eva sapevano quel che facevano, mentre Ulisse non sa. Ma l'ignoranza non lo giustifica. La sua innocenza soggettiva non lo rende oggettivamente meno colpevole. Questa la sua tragedia. Il peccato dell'Ulisse dantesco è voler arrivare a Dio senza Dio. Pagano e peccatore, Ulisse tenta di raggiungere la montagna direttamente, oltrepassando un limite invalicabile senza la grazia. Il fine è buono, ma i mezzi impiegati per raggiungerlo sbagliati e insufficienti. Anzi, non solo nessun ingegno, ma nessuna virtù è sufficiente a conquistare la beatitudine, semplicemente perché l'essere umano non può raggiungere la beatitudine con le proprie forze. In altre parole, non basta cercare, bisogna essere cercati. Come appunto prega il coro dei superbi sulla prima cornice del Purgatorio: «Vegna ver' noi la pace del tuo regno, / ché noi ad essa non potem da noi, / s'ella non vien, con tutto nostro ingegno» (*Purg.* XI 7-9) – lo stesso «ingegno» che perde Ulisse –, e Dante stesso davanti all'ultima visione: «Ma non eran da ciò le proprie penne» (*Par.* XXXIII 139).

Ulisse pecca dunque di eccessiva fiducia in se stesso, pecca di superbia. Ma pur essendo colpevole, il suo tentativo è immensamente nobile e contestualmente coerente con la sua storia e la sua natura. Ecco perché con il passare del tempo questo personaggio è andato raccogliendo sempre più consensi e simpatia nei lettori del poema. Man mano che l'umanesimo occidentale si faceva più sicuro di sé e meno soggetto a remore e timori religiosi, man mano cioè che la cultura si faceva più laica, i lettori di Dante trovavano in Ulisse una figura esemplare, un predecessore. In verità Ulisse è il massimo esempio dei limiti dell'umanesimo

increased consensus and empathy among Dante's readers. As western humanism gradually grew more confident
and less subject to religious fears and restraints, as culture
gradually turned more secular, Dante's readers found in
his Ulysses an exemplary figure, a predecessor and stan-
dard-bearer. The hero is the greatest example of both the
limits of Dante's humanism and the risks of lay humanism.
With brilliant intuition, Dante senses that, though good,
Ulysses' quest is driven by a self-confidence, a humanistic
intensity, a belief in reason and human potential, in one
word a secularism, that he considers inadequate and ultimately dangerous, and therefore he stages the tragic ending
to which he is convinced that Ulysses is destined, regardless
of his other sins. It may seem strange or even paradoxical,
but Dante understands that, concealed within Ulysses, is
the mind of one whom Horkheimer and Adorno, in their
Dialectics of Enlightenment, call a follower of the Enlightenment, a free thinker, a modernist, and, while being intellec-
tually fascinated by him, he shows that he runs toward his
undoing. His tragedy is meant to be a warning to all humans
not to trust their intelligence alone, "lest it run where virtue
does not guide it"—something that is becoming more and
more evident in our times when the vulnerability of modern
society to its own inventions is becoming so apparent.

Indeed, the moral lesson the canto of Ulysses focuses on is
central not only to the fourteenth century but to civilization
as a whole. What are we permitted to do with our intelligence? How far may we go with it? Are we allowed to pursue any intellectual quest or scientific research regardless of
its consequences? Human cloning? Extermination camps?
Weapons of mass destruction? The production and use of

dantesco e allo stesso tempo dei rischi dell'umanesimo laico. Con un'intuizione geniale il religiosissimo Dante avverte nel personaggio omerico una energia intellettuale, una fede nella ragione e nelle forze umane, un laicismo *ante litteram* che ritiene presuntuoso e allo stesso tempo inadeguato a conseguire la beatitudine eterna, e per questo ne inscena la tragica fine a cui è convinto che vada incontro. Dante sente che in Ulisse si nasconde quel che Horkheimer e Adorno chiamano un 'illuminista' e, pur subendone tutto il fascino, riconosce che corre inevitabilmente verso la sua rovina. La sua tragedia vuol essere un monito agli uomini a non fidarsi troppo del loro ingegno, a non lasciarlo correre senza la guida di valori morali.

La questione morale che la tragedia dell'Ulisse dantesco mette a fuoco è fondamentale per la civiltà umana in ogni tempo e ogni luogo, ma lo è in maniera particolare per il nostro tempo. Che cosa è lecito fare con il nostro ingegno? Fino a che punto possiamo spingerci? Siamo giustificati a perseguire qualsiasi genere di ricerca, obiettivo scientifico, ambizione intellettuale senza considerarne le conseguenze? Clonazione umana, ricerca staminale, armi chimiche o di distruzione di massa; produzione e uso di materiali e tecnologie che inquinano irreversibilmente la terra e l'atmosfera; sviluppo di tecnologie informatiche che, precipitandoci nel caos epistemico, minacciano la libertà individuale, la verità, la democrazia; infine, Intelligenza Artificiale? Dove mettiamo le nostre colonne d'Ercole, i confini oltre i quali non possiamo, non dobbiamo andare? Questo è appunto il dilemma di fronte al quale ci troviamo oggi quando il nostro mondo si va rivelando in tutta evidenza sempre più vulnerabile alle nostre stesse invenzioni.

materials that irreversibly pollute and change our environment? The development of Information Technology that plunges us into epistemic chaos, threatening our individual freedom and democracy? Last but not least, Artificial Intelligence? Where do we stop? Where do we place our own Pillars of Hercules?

In the last hundred years, we have seen gas being deployed not just for domestic and industrial use, but as a means of eliminating thousands at a time of innocent human lives; more recently, we have witnessed passenger planes being crashed into skyscrapers full of ordinary people going about their daily business. To be sure, these were monstrous aberrations—gas was not manufactured to poison people nor airplanes to be flown against skyscrapers; yet there are other insidious ways in which seemingly innocent materials and devices, created by human ingenuity, can have disastrous effects on our world. Think for example of the daily use that almost every human being in every corner of our planet makes of apparently humble plastic, a material that in its countless guises has become integral to our lives, our comfort and convenience. Since we cannot, or know not how to, dispose of it as rapidly as we produce it, sooner or later it will engulf and smother us, polluting most of our land and waters. I understand that the very convenient containers in polyethylene and polyvinyl chloride that we produce, use and abandon everywhere take between one hundred and one thousand years to be degraded; as for apparently flimsier objects, such as phone cards and small plastic bags, at least one millennium may be necessary. Already, gigantic islands of garbage have formed in our oceans — such as the Pacific trash vortex, popularly known as the Great Pacific Garbage Patch, between the West Coast of North America and Japan. Already enormous quantities of

Negli ultimi cent'anni abbiamo visto usare il gas non soltanto a scopi domestici e industriali ma anche per eliminare con grande efficienza migliaia di esseri umani alla volta; più di recente abbiamo visto lanciare aeroplani pieni di passeggeri contro grattacieli occupati da persone intente al loro lavoro. Aberrazioni mostruose, certo – il gas non è stato inventato e non viene prodotto per avvelenare esseri umani, né gli aerei per demolire grattacieli. Ma ci sono altri modi insidiosi in cui l'uso di prodotti dell'intelligenza umana, apparentemente innocenti, finisce coll'avere effetti disastrosi sul nostro mondo. Che dire per esempio dell'uso quotidiano che ognuno di noi, e quasi ogni essere umano in ogni angolo del pianeta, fa dell'umile plastica, materiale che nelle sue infinite incarnazioni è ormai divenuto parte irrinunciabile delle nostre abitudini, del nostro benessere, della nostra efficienza? Il problema è che, non potendolo o non sapendolo smaltire con la rapidità con cui lo produciamo, prima o poi esso finirà per sommergerci o soffocarci inquinando una buona parte della terra e del mare. Leggo che i comodissimi contenitori in polietilene o in cloruro di polivinile da noi prodotti, utilizzati e poi abbandonati nell'ambiente, impiegano dai cento ai mille anni per essere degradati, mentre per oggetti apparentemente più inconsistenti, come carte telefoniche e certi sacchetti di plastica, il tempo necessario è almeno un millennio. Già si parla di gigantesche isole di spazzatura che galleggiano sugli oceani, ad esempio il vortice di rifiuti dell'Oceano Pacifico, noto col nome popolare di Grande Chiazza di Immondizie del Pacifico, situato tra la costa del Nord America e il Giappone, e si sa di enormi quantità di microplastica disperse e propagantisi nelle acque del nostro Mediterraneo. E che dire dell'inquinamento dell'aria da parte di motori d'ogni genere, che spesso rende rischioso

microplastics are mixed with the waters of the Mediterranean. In many cities all over the planet there are times when the air is so polluted that it is dangerous for people to leave home. Slowly but inexorably, global warming breaks and melts what used to be called the 'eternal glaciers', raising sea levels and causing extreme weather conditions, while rivers run dry and forests burn. Lastly, what can we say about a human intelligence which develops an Artificial Intelligence arguably destined to disempower and replace it? What of the many scientists who believe that could happen, and yet are working day after day to refine AI and make it more powerful? These are some of the outcomes not of the abuse, but of the mere use of human ingenuity.

And this is also, ultimately, the dilemma that inspires Dante's writing of the cantos of Ulysses and Guido da Montefeltro seven centuries ago. Guido, as well as Ulysses with his three famous deceptions, demonstrates the self-defeating outcome of the immoral use of operative ingenuity, while Ulysses' last adventure displays the risks of speculative intelligence. Guido is the archetype of the cunning, corrupt and corruptible individual who prospers until he comes up against divine justice; Ulysses epitomizes the restlessness of human intelligence, our longing to go beyond the horizon of our daily experience, seeking answers to our existential questions and desires. The intelligence that the Homeric Odysseus had employed to overcome practical challenges, Dante's Ulysses turns it towards higher goals, that can be pursued only in the solitude of the unpeopled world, *il mondo sanza gente*. This Ulysses is not in search of anything evil; in fact, he is, without knowing, in search of the *summum bonum*, the greatest good, and in this light it can be said that his last voyage redeems the instrumental and egotistic aspects that are part of his Homeric character. However,

alle persone uscire di casa, del lento ma inesorabile aumento della temperatura globale, dell'innalzamento del livello dei mari, dei ghiacciai che si spaccano, precipitano, si fondono, dei fiumi che si prosciugano, delle foreste che bruciano? Che dire infine e soprattutto – è notizia di quest'ultima primavera – di un'intelligenza umana che inventa un'intelligenza artificiale che a sua volta – lo dicono molti degli scienziati che di giorno in giorno la raffinano e rendono più potente – è destinata a renderla impotente e sostituirla? Questi sono alcuni degli esiti a cui può portare e porta non dico l'abuso ma il semplice uso dell'ingegno umano.

E questo è anche in ultima analisi il dilemma che ispira i canti di Ulisse e Guido da Montefeltro agli inizi del XIV secolo Il problema dell'uso immorale e interessato dell'intelligenza operativa (il problema machiavellico del fine che giustifica i mezzi) viene affrontato da Dante con il personaggio di Guido, mentre quello dell'intelligenza speculativa trova il suo protagonista in Ulisse. Guido è l'archetipo dell'individuo furbo, corrotto e corrompibile, che prospera finché non si scontra con la giustizia divina. Ulisse, già colpevole di frodi che lo condannano per sempre all'Inferno, esprime invece con la sua ultima impresa l'inquietudine dell'umana intelligenza, l'insofferenza del limite, il bisogno di andare oltre l'orizzonte della nostra esperienza quotidiana, di trovare risposte ai nostri grandi interrogativi esistenziali. L'intelligenza che l'Odisseo omerico aveva rivolto a fini pratici, l'Ulisse dantesco la devolve a fini speculativi abbandonando ogni ambizione mondana a favore di interessi che solo nella solitudine dell'emisfero disabitato si possono perseguire. Quest'Ulisse non cerca il male; anzi, è inconsapevolmente in cerca del bene supremo, e in questo senso si può dire che con il suo ultimo viaggio riscatti quel tanto di strumentale e

while his intelligence is capable of yielding a glimpse of a world in which his *quête* would be finally and completely fulfilled, it is not humble enough to realize that such a world will never be accessible without the assistance of divine grace. Therefore, though it is in the right direction, his journey is doomed from the start, and the hero finds death while looking for life. The world of humility and grace, and of Dante's paradoxical God, who triumphs while dying on the Cross, is totally foreign to Ulysses. Thus the hero finds his death, unknowingly, while in sight of the supreme good; his attempt tragically fails. And with Ulysses, the venerated and beloved ancient world fails too, just as it seems about to be re-born in the modern one. His lesson to us could not be clearer: whenever we attempt to extend the limits of our knowledge, we do so in the shadow of Dante's Ulysses (Boitani), and run the same risks as he did.

Horkheimer and Adorno's book, *Dialectics of Enlightenment*, begins with these words:

> Enlightenment, understood in the widest sense as the advance of thought, has always aimed at liberating human beings from fear and installing them as masters. Yet the wholly enlightened earth is radiant with triumphant calamity.

These lines were written in California in 1942–44 with obvious reference to the war then raging in Europe and the Pacific. By the time it was published in 1947, the essay took on spine-chilling connotations. After August 1945, the radiation of human intelligence, the oxymoron of the triumphant calamity could only point the finger at the dropping of the first atomic bombs over Hiroshima and Nagasaki. The metaphor of Enlightenment had become the reality of atomic

egoistico che caratterizzava il personaggio di Omero. Tuttavia, se il suo ingegno è così acuto da fargli intuire l'esistenza di un mondo in cui la sua *quête* verrà alla fine appagata, non è sufficiente a suggerirgli che a quel mondo non è permesso di accedere senza umiltà e soprattutto senza il soccorso della grazia. Quella dell'umiltà, della grazia e del Dio di Dante che trionfa sulla croce è una dimensione del tutto estranea a Ulisse. L'eroe dunque incontra la morte mentre, e perché, cerca il bene supremo; il suo tentativo, anche se nella direzione giusta, fallisce. E con Ulisse fallisce, secondo Dante, il venerato e amato mondo antico, proprio mentre nel Trecento sta per ri-nascere in quello moderno. Ebbene, ogni volta che noi tentiamo di spingere più avanti i confini della conoscenza, lo facciamo sotto l'ombra dell'Ulisse dantesco (Boitani), correndo i suoi stessi rischi.

Il libro di Horkheimer e Adorno intitolato *Dialettica dell'illuminismo* incomincia così:

> L'illuminismo, inteso nel senso più ampio di pensiero in continuo progresso, ha perseguito da sempre l'obiettivo di togliere agli uomini la paura e di renderli padroni. Ma la terra interamente illuminata splende all'insegna di trionfale sventura.

Queste parole furono scritte in California, probabilmente negli anni 1942-1944, con ovvio riferimento alla guerra che inferociva allora in Europa e nel Pacifico. Quando il saggio vide la luce nel 1947, il suo incipit non poté non assumere connotazioni agghiaccianti. Dopo l'agosto del 1945 l'immagine della terra illuminata dalle radiazioni dell'umana intelligenza, l'ossimoro della «calamità trionfante» non poteva non puntare il dito verso il lancio delle prime bombe atomiche su Hiroshima

radiation. "Instead of entering into a truly human state, humanity sinks into a new kind of barbarity": this is where "progressive thought" has driven us, Horkheimer & Adorno seem to imply, echoing unknowingly Dante's insight of six centuries earlier.

Do you remember the lines with which I began?

> I grieved then and now I grieve again
> as I turn my mind to what I saw,
> and more than is my custom, I curb my intelligence
>   lest it run where virtue does not guide it,
> so that, if friendly star or something better still
> has granted me its gift, I may not deprive myself of it.

I curb my intelligence, Dante writes, *lest it runs where virtue does not guide it.* But are thought, intelligence, education, knowledge, scientific research, technology, in short humanism or culture—are they ultimately responsible for war, genocide, mass destruction, nuclear bombs, the contamination of our planet, global warming, epistemic chaos? They might be, Dante replies. Intelligence can be used for and against anyone, ourselves included. So must we now put a spoke in the wheel of scientific research? How can we foresee the consequences of the discoveries of human intelligence, the technological applications that human ingenuity will derive from them? In the last analysis, the tragedy of Dante's Ulysses mirrors and reveals the tragic condition of human intelligence faced with the bottomless pit of knowledge. The innate desire for knowledge and fulfilment exposes humans to evermore unforeseen and unforeseeable catastrophic risks. This is why Dante warns that we must keep our intelligence under the restraint of moral values if we want it to work for

e Nagasaki. La grande metafora dell'illuminismo era diventata la realtà delle radiazioni atomiche. «Invece di entrare in uno stato veramente umano, si sprofonda in un nuovo genere di barbarie»: ecco dove ci ha portato 'il progresso del pensiero', sembrano dire Horkheimer e Adorno facendo eco, senza sapere, alla potente intuizione di Dante oltre sei secoli prima.

È questo appunto, come si è visto all'inizio, l'ammonimento che Dante rivolge a se stesso quando raggiunge l'ottava bolgia dell'ottavo cerchio dell'Inferno:

> Allor mi dolsi, e ora mi ridoglio
> quando drizzo la mente a ciò ch'io vidi,
> e piú lo 'ngegno affreno ch'i' non soglio,
> perché non corra che virtú nol guidi;
> sí che, se stella bona o miglior cosa
> m'ha dato 'l ben, ch'io stessi nol m'invidi.

Ma allora può il pensiero umano, l'intelligenza, l'educazione, la conoscenza, la ricerca scientifica, la tecnologia, in una parola può la *cultura* essere responsabile di guerre, genocidi, esecuzioni di massa, campi di sterminio, bombe nucleari, armi chimiche, o anche della pacifica, irreversibile contaminazione del pianeta o del caos epistemico in cui viviamo? Certo che può esserlo, risponde Dante dall'ottavo cerchio del suo *Inferno*. L'intelligenza umana può venire usata a favore di tutti e contro tutti, compresi noi stessi. Ma un momento, dovremmo allora mettere i bastoni tra le ruote della ricerca e dell'istruzione scientifica? Come si possono prevedere le conseguenze delle scoperte della nostra intelligenza, le applicazioni tecnologiche che ne farà il nostro ingegno? La tragedia dell'Ulisse dantesco rispecchia e rivela in ultima analisi la condizione tragica dell'intelligenza umana di fronte al pozzo

the good of humanity. Such is the challenging balance that the poet asks us to pursue. Seven centuries have gone by since Dante's death, but can we really say today that we have better advice to offer?

Unless otherwise stated, the translation of Dante's *Divine Comedy* is cited with minor modifications from the Doubleday edition translated by Robert and Jean Hollander with Introduction and Notes by Robert Hollander: *Inferno*, 2000; *Purgatorio*, 2003; *Paradiso*, 2007.

senza fine della conoscenza. L'innato desiderio di conoscere, acclamato da Dante fin dall'esordio del *Convivio*, espone l'essere umano a rischi imprevisti, imprevedibili e sempre più catastrofici. Ecco perché Dante afferma e ammonisce che va sempre tenuta sotto il freno di valori morali se vogliamo che operi per il bene dell'umanità. Questo è il difficile equilibrio che il poeta ci chiede di perseguire. Sono trascorsi ormai sette secoli dalla sua morte, ma possiamo veramente dire che abbiamo un consiglio migliore da offrire oggi?

Works Cited/Opere citate

Alighieri = Dante Alighieri, *The Divine Comedy*, translated by
  Robert and Jean Hollander with Introduction and Notes
  by Robert Hollander, New York: Doubleday, *Inferno*, 2000;
  Purgatorio, 2003; *Paradiso*, 2007
Alighieri = *La Commedia*, con il commento di Robert Hollander,
  trad. it. e cura di Simone Marchesi, Firenze: Olschki, 2011
Barolini = Teodolinda Barolini, *The Undivine Comedy. Detheologizing
  Dante*, Princeton: Princeton University Press, 1992
Barolini = *La «Commedia» senza Dio. Dante e la creazione di una realtà
  virtuale,* trad. it. di Roberta Antognini, Milano: Feltrinelli, 2013
Basile = Bruno Basile, *Canto xxvi. Tragedia di Dante, tragedia di
  Ulisse* [2005], in *Cento canti per cento anni*, a cura di E. Malato e
  A. Mazzucchi, I: *Inferno*, 2 tt., Roma: Salerno Editrice, 2013, t. 2,
  pp. 823-850
Boitani = Piero Boitani, *L'ombra di Ulisse. Figure di un mito*,
  Bologna: il Mulino, 1992
Boitani = *The shadow of Ulysses. Figures of a myth*, Oxford-
  New York: Oxford University Press, 1994
Borges = Jorge Luis Borges, *Nueve ensayos dantescos*, Madrid:
  Espasa Calpe, 1982
Croce = Benedetto Croce, *La poesia di Dante*, Bari: Laterza, 1923
De Sanctis = Francesco De Sanctis, *Storia della letteratura italiana*,
  a cura di Gianfranco Contini, Torino: UTET, 1968
Eliot = Thomas S. Eliot, *The Waste Land: A Facsimile and Transcript
  of the Original Drafts Including the Annotations of Ezra Pound*,
  edited By Valerie Eliot, London: Faber & Faber, 1971
Horkheimer & Adorno = Max Horkheimer & Theodor W. Adorno,
  Dialectic of Enlightenment. Philosophical Fragments, ed. by
  Gunzelin Schmid Noerr, translated by Edmund Jephcott,
  Stanford, Calif.: Stanford University Press, 2002 (original edition:
  Dialektik der Augfklärung, Amsterdam: Querido Verlag, 1947)
Horkheimer e Adorno = *Dialettica dell'illuminismo*, trad. it. di
  Renato Solmi, introduzione di Carlo Galli, Torino: Einaudi,
  1997 (1ª ed. italiana: 1966)

Levi = Primo Levi, *Se questo è un uomo* [1947], in Primo Levi, *Opere,*
a cura di Marco Belpoliti, introduzione di Daniele Del Giudice,
2 voll., vol. I, Torino: Einaudi, 1997

Levi = *If this is a man,* translated by Stuart Woolf, in *The Complete
Works of Primo Levi,* I, New York: Liveright Publishing
Corporation, 2015; originally published in the USA as *Survival
in Auschwitz: the Nazi Assault on Humanity,* New York: Orion
Press, 1959

Montano = Rocco Montano, *Il 'folle volo' di Ulisse,* in «Delta», 2
(1952), pp. 10-32

Nardi = Bruno Nardi, *La tragedia di Ulisse* [1937], in Id., *Dante e la
cultura medievale,* Bari: Laterza, 1949² (1ª ed. italiana 1942)

Padoan = Giorgio Padoan, *Ulisse «fandi fictor» e le vie della
sapienza,* in «Studi Danteschi», XXXVII, 1960, pp. 21-61, poi in
Id., *Il pio Enea, l'empio Ulisse,* Ravenna: Longo, 1977, pp. 170-199

Pascoli = *Traduzioni e riduzioni di Giovanni Pascoli raccolte e
riordinate da Maria,* Bologna: Zanichelli, 1923

Pertile = Lino Pertile, *"Inferno" XXVI: morte di Ulisse e rovina
dell'Odissea?,* in «Letteratura Italiana Antica», 20, 2019 (*Studi
di letteratura italiana in onore di Antonio Lanza,* a cura di Marta
Ceci e Marcellina Troncarelli), vol. I, pp. 171-89

Pertile = Lino Pertile, *Ulisse in chiesa,* in Id., *Dante popolare,*
Ravenna: Longo, 2021, pp. 183-200

Scott = John A. Scott, *L'Ulisse dantesco,* in Id., *Dante magnanimo.
Studi sulla «Commedia»,* Firenze: Olschki, 1977, pp. 117-193

Tennyson = Alfred Tennyson, *The Poetical Works,* Boston: Ticknor,
1869

Uguccione = Uguccione da Pisa, *Derivationes,* a cura di E.
Cecchini *et al.,* Firenze: SISMEL, 2004

Photo credits / Crediti fotografici

Città del Vaticano, Biblioteca Apostolica Vaticana: p. 24 fig. 1, p. 56 fig. 9

Firenze, Museo Stibbert: p. 29 fig. 2, pp. 38-39 fig. 5, p. 53 fig. 8

Modena, Biblioteca Estense Universitaria: p. 32 fig. 3

New Haven, Yale University, Beinecke rare Book and Manuscript Library: p. 63 fig. 10

Paris, Bibliothèque nationale de France: p. 34 fig. 4, p. 43 fig. 6

Printed in the month of July 2023 on the presses of Tipolitografia Pagani, Passirano (Brescia)

Finito di stampare nel mese di luglio 2023 presso Tipolitografia Pagani, Passirano (Brescia)

Ex Officina Libraria Jellinek et Gallerani